LIVRE D'ARCHITECTVRE

de Iacques Androuet, du Cerceau.

AVQVEL SONT CONTENVES DI-VERSES ORDONNANCES DE PLANTS ET éleuations de baſtiments pour Seigneurs, Gentilshommes, & autres qui voudront baſtir aux champs: meſmes en aucuns d'iceux ſont deſſeignez les baſſes courts, auec leurs commoditez particulieres: auſſi les iardinages & vergiers.

TRES-VTILE ET NECESSAIRE A CEVX qui veulent baſtir, à ce qu'ils ſoient inſtruits, & cognoiſſent les frais & la deſpenſe qu'il y conuient faire.

A PARIS

Pour Iacques Androuet, du Cerceau.

M. DC. XV.

AV ROY.

S IRE, eſtant voſtre Majeſté à Montargis, ie receus ce bien de voſtre accouſtumee benignité & clemence, de me preſter l'oreille à vous diſcourir de pluſieurs baſtiments excellents de voſtre Royaume : Et entre autres propos me demandates ſi ie paracheuois les liures des baſtiments de France : Mon aage & indiſpoſition ſeruirent de legitime excuſe, n'ayant moyen, ſans voſtre liberalité, de me tranſporter ſur les lieux, afin d'en prendre les deſſeings pour aprés les mettre en lumiere, & ſatisfaire à vos commandements. La volonté ne m'eſt en rien diminuee, mais l'effect & le moyen manquent, ſans l'aide de voſtre Majeſté. Ce pendant deſirant vous donner quelque plaiſir & contentement, i'ay employé le ſeiour de mes vieux ans à dreſſer vn liure d'inſtruction à toutes perſonnes qui voudront baſtir & edifier maiſons aux champs, ſelon leurs moyens & facultez : pour leur monſtrer, non ſeulement l'ordre qu'ils auront à tenir ſelon les deſſeings, & plants contenus audit liure, mais encor pour les inſtruire de la deſpenſe & frais qu'il leur conuiendra faire, ayant de chacun baſtiment fait le calcul au plus iuſte qu'il m'a eſté poſſible, tant du toiſage de la maçõnerie & charpenterie, que generalement de toute autre beſongne : eſperant (outre le plaiſir que voſtre Majeſté prendra à la diuerſité de tels deſſeings) que vos ſubjets en receuront inſtruction & profit. Suppliant tres-humblement icelle voſtre Majeſté, d'auoir pour agreable ce mien labeur que ie vous dedie & conſacre, Attendant que par voſtre moyen ie puiſſe viſiter les chaſteaux & excellents baſtiments qui reſtent à eſtre par moy veus & imprimez, pour ſatisfaire au contentement de vos Royales vertus.

De voſtre Majeſté le tres-obeiſſant & tres-affectionné ſeruiteur, IAQVES ANDROVET, DV CERCEAV.

A ij

AV LECTEVR.

A V A N T que faire particuliere declaration de chacun baftiment, il m'a femblé eftre neceffaire faire entendre à ceux qui defirent fçauoir la totale fomme de la deffenfe du logis qu'on voudra faire edifier, tant pour la maçonnerie, charpenterie, paué ou carrelage des planchers, menuiferie, ferrurerie, & couuerture : Bref à quoy peut
monter l'entiere deffenfe d'vn edifice, pour le rendre accompli & parfaict. Confideré que fi ce n'eft aux grandes & bonnes villes, il eft fort malaifé de recouurer des ouuriers experts & capables, pour rendre raifon & certitude de ce que deffus. Car aux lieux où il fe trouue maiftres fuffifans pour entreprendre l'œuure, le Seigneur n'a que faire finon que de fournir argent à l'entrepreneur, pour rendre l'edifice en fa perfection. Pour donc foulager ceux qui n'ont tels moyens, & auffi pour fatisfaire à la priere qui m'a efté faicte par aucuns Seigneurs, & autres mes amis, on trouuera cy apres reglement & inftruction pour cognoiftre & iuger d'icelle totale deffenfe, à fin que chacun mefure fes moyens, & n'entreprenne plus qu'il ne peut effectuer, par ce que fouuent aduient que les frais eftans plus grands qu'on ne penfoit, le baftiment demeure imparfaict, la bourfe vuide, & le maiftre deceu de fon efperance. Celuy fera releué de cefte peine, fi meurement & foigneufement il fe regle & conduit par cefte mienne inftruction qui enfuit.

Table des chofes qu'il faut entendre.

<table>
<tr><td>Du pied royal.</td><td>De la bricque.</td></tr>
<tr><td>De la toife.</td><td>Du quarreau.</td></tr>
<tr><td>De l'arpent.</td><td>De la tuile.</td></tr>
<tr><td>De la chaux.</td><td>De l'ardoife.</td></tr>
<tr><td>Du fable.</td><td>De la latte voliffe.</td></tr>
<tr><td>Du moillon, ou bloccage.</td><td>De la latte quarree.</td></tr>
<tr><td>Du caillou.</td><td>De la contre-latte.</td></tr>
<tr><td>De la pierre de quartier.</td><td>Du clou.</td></tr>
</table>

Le pied royal, duquel la iufte mefure eft marquee au Chaftelet de Paris, contient douze poulces de long, & en fa fuperficie quarree, cent quarante & quatre poulces.

Le pied cube contient douze fois cent quarante & quatre, reuenants à mil fept cents vingt & huict poulces maffif.

La toife quarree contient fix pieds de long, & fix de large en fa fuperficie, qui montent trente & fix pieds.

La toife cube contient fix fois trente & fix pieds, reuenants à deux cens feize pieds maffif, qui fert pour le calcul de la vuidange des terres maffiues.

La perche, mefure du Chaftelet de Paris, a trois toifes de long, qui valent dixhuict pieds, faifant en fa fuperficie quarree trois cents vingt & quatre pieds, qui valent neuf toifes quarrees. Aucuns nomment la perche corde.

L'arpent mefure de la Viconté & Preuofté de Paris, contient dix perches de long, & dix perches de large, qui font cent perches quarrees, l'arpent reuenant à neuf cens toifes.

Es lieux circonuoifins de la Viconté & Preuofté de Paris, la perche ou corde contient vingt pieds de long, & vingt pieds de large, qui multipliez par foy, font quatre cents pieds, qui valent vnze toifes quatre pieds quarrez, reuenant l'arpent à vnze cents vnze toifes quatre pieds : excedant celuy de France de deux cents vnze toifes quatre pieds, qui eft cet arpent duquel touts les baftiments de ce liure font mefurez.

En autres endroïts, comme en la Beauffe, la perche contient vingt & deux pieds de long, & vingt & deux pieds de large, qui multipliez, font quatre cents quatre vingts quatre pieds quarrez, reuenant la perche à treize toifes feize pieds quarrez, & l'arpent à treize cents quarante & quatre toifes feize pieds.

Par les fufdittes mefures, & felon la perche du lieu, on peut fçauoir au vray le contenu de l'aire du logis, pourpris d'iceluy, fes iardinages, & terres qui en dépendent, auffi la quantité desvuidanges pour caues, foffes à priuez, foffez de l'enceinte du logis, & cognoiftre la quantité des toifes cubes, comme dit eft cy deffus.

Le tonneau de chaux contient deux poinçons.

Les trois poinçons font deux muids, reuenant à vn tonneau & demy.

Mais par ce que la chaux qui eft faitte de pierre dure eft la meilleure, faifant & rendant beaucoup plus de befongne que celle qui eft faitte de pierre tendre, & qu'elle fouffre que l'on y mefle d'auantage de fablon qu'à la derniere : Confideré auffi qu'il y a du fablon qui amaigrit & vfe de chaux plus l'vn que l'autre, comme celuy de riuiere, qui eft plus ardant que celuy de fablôniere : A cefte caufe il eft tres-neceffaire que le maçon y ait grande confideration : & principalement à bien faire mefler enfemble ladite chaux & fablon : & nonobftant telles diuerfitez, ie n'ay laiffé d'aualluer au plus prés du vray, combien il peut entrer defdittes matieres en chacune des toifes de maçonnerie cy deffous fpecifiées. Le moyen le plus ordinaire pour affembler lefdittes matieres eft par tombereaux, lefquels toutefois ne font par-tout égaux, ains tiennent plus ou moins, felon principalemét qu'ils vont prés ou loing querir lefdittes matieres, & auffi felô la force des cheuaux qui les tirent. Ce neátmoins ie n'ay laiffé femblablement de faire vn eftat de la quátité qu'il en faudroit pour les epeffeurs de chacune des toifes de maçônerie qui enfuiuét, & ce par les plus petits, & ceux qui tiennét le moins.

Pour faire vne toife de mur d'vn pied & demi d'epeffeur, faut la tierce partie d'vn poinçon de chaux, trois tombereaux de fablon, & cinq tombereaux de moillon, ou bloccage.

Pour la toife de mur de deux pieds d'epeffeur, faut vn demi poinçon de chaux, peu moins, auec quatre tombereaux de fable, & fept de moillon, ou bloccage, peu moins.

Pour la toife de mur de trois pieds d'efpeffeur, faut les deux tiers d'vn poinçon de chaux, auec fix tombereaux de fable, & dix tombereaux de moillon ou bloccage.

Pour la toife de mur d'vne toife d'epeffeur, faut vn poinçon & vn tiers de chaux, douze tombereaux de fable, & vingt tombereaux de moillon, ou bloccage.

Sachant le prix de la chaux, fable, & moillon, on peut facilement iuger à combien reuient la toife felon fon epeffeur, y comprenant les iournees des maçons & aides.

Et eft à noter, que toute muraille faitte de caillou au lieu de bloccage, doit eftre plus epeffe, par ce que le caillou ne fe lie fi bien du commencement auec la chaux, à caufe de fa rotondité, que fait le moillon : & ayant fon efpeffeur fuffifante, la maçonnerie en eft fort bonne & durable.

Pour faire vne toife quarree de maçonnerie, dont la face de deuant foit de pierre de taille, le derriere eftant garni de moillon, faut quarante & huiçt pieds de pierre, à fçauoir quatre pierres à chacune affize, chacune defquelles aura deux pieds de long : deux d'icelles feront en face, les deux autres en bouttices entre-deux pour faire la liaifon du mur, lefdittes pierres eftans d'vn pied de hauteur : il y aura fix affifes à la toife, qui feront les quarante huiçt pieds cy deffus.

Pour faire vne toife de maçonnerie de pierre de taille parpeine de deux pieds d'epeffeur, comme quelquesfois il eft neceffaire, & principalement aux tremeaux, il faut foixante & douze pieds de pierre à la toife.

Pour faire vne toife de mur de bricque d'vn pied d'epeffeur, ayant la bricque huiçt

poulces de long, quatre poulces de large, & deux poulces d'epeſſeur, il faut vingt &
deux bricques & demie, comprins le mortier, reuenãt la toiſe à huit cens dix bricques.

Pour vne autre muraille de bricque de huit poulces d'épeſſeur, eſtãt la bricque de la
longueur, largeur, & épeſſeur que deſſus, faut quinze bricques au pied, qui eſt pour la
toiſe cinq cens quarante bricques, comprins les ioings.

Si vous voulez faire vne muraille de groſſe épeſſeur, toute de bricque, vous redui-
rez icelle au prorata, & à la raiſon que deſſus eſt dit.

Pour faire le paué des ſalles, chambres, & garderobbes, de quarreaux de quatre
poulces en quarré, faut neuf quarreaux pour le pied, & trois cens vingt & quatre
pour la toiſe.

La tuile n'eſt par-tout de meſme longueur & largeur, mais la plus ordinaire a neuf
poulces & demy de long, & ſix poulces de large : le millier d'icelle fera trois toiſes de
couuerture, & celle du grand qualibre de Paris fera cinq toiſes.

Pour employer & fournir vn millier de tuile ordinaire, faut vn cent & demy de
latte quarree, mais quand la tuile eſt grande, il y entre moins de latte à la toiſe, par ce
qu'il ne faut latter ſi prés à prés qu'à la tuile ordinaire.

A chacune latte quarree, faut cinq cloux pour le moins.

Le millier d'ardoiſe d'Angers, fait quatre toiſes & demie de couuerture.

Au millier d'ardoiſe, faut vn cent & demy de latte voliſſe.

A chacune latte voliſſe, faut dix cloux pour l'eſtroitte, mais la latte eſtant large, y
en faut quinze.

Au millier d'ardoiſe, faut de dix à douze toiſes de contre-latte.

A chacune ardoiſe, faut deux cloux, & quelquefois trois.

L'ardoiſe de Meſieres n'eſt pas ſi large, ne ſi belle que celle d'Angers, mais elle eſt
plus épeſſe, & en faut dauantage pour la toiſe.

Les declarations contenuës cy deſſus, ſeruent pour inſtruire ceux qui n'ont pas
cognoiſſance de telles matieres, pour iuger combien, & quelle quantité il en faut
pour le baſtiment qu'ils veulent faire : Mais par les aduertiſſements contenus cy deſſus, leur ſera facile & aiſé de compter ſur les deſſeings & portraiéts à peu prés, la deſpenſe qu'il conuiendta faire pour les matieres neceſſaires.

Auant qu'entrer en deſpenſe pour baſtir, eſt tref-neceſſaire de dreſſer & arreſter le
plan & deſſeing de l'edifice, pour entendre les commoditez du dedans, tant du premier, qu'autres eſtages de deſſus, auſſi la ſymmetrie par le dehors, afin que le baſtimét
eſtant parfait, le maiſtre & Seigneur d'iceluy n'ait regret à la deſpenſe par luy faite
par ce que ſouuent eſt aduenu, que pour n'auoir obſerué les ſymmetries, meſures
veües, & ordonnances neceſſaires, au lieu d'en receuoir contentement, on euſt voulu le baſtiment eſtre par terre.

Or ayant bien & meurement arreſté le plan & deſſeing, il ſera facile de meſurer &
toiſer toute la maçonnerie du baſtiment, & ſçauoir le nombre des toiſes, & à combien en reuiendra la toiſe, pour la pierre de taille, moillon, chaux, bricque, & autre
matieres, auec la façon, compris les enduits, & le prix de la toiſe arreſté, ſera aiſé de
cognoiſtre les nombres des toiſes du total de la maçonnerie : Et ſi les croiſees, portes
lucarnes ne ſont compriſes à la meſme raiſon de la toiſe, en ferez marché ſeparé, ſui-
uant lequel iugerez la deſpenſe à part, & aprés adiouſterez le tout enſemblément.

Pour le regard des cheminees, on en fait auſſi couſtumierement marché à part, ſelon les ordonnances & enrichiſſements d'icelles : car aucuns en veulent auoir de riches, autres ſe contentent d'vne beſongne plaine, ne conſiderant que les manteaux
ſaillies, iambages, languettes, thuyaux, & leurs hauteurs : mais quant aux enrichiſſements qu'on veut y eſtre faits, cela paſſe la cognoiſſance de ceux qui les com-
mandent, voire bien ſouuent de ceux qui l'entreprennent : Et eſt beſoin conſiderer le
tout par le menu, afin que celuy qui met la main à la bourſe, & l'autre qui eſt entre-

preneur, ne foient abufez. Car bien fouuent tel maiftre entreprendra vne ordōnance de cheminee à cent efcus de façon, & vn autre ne la voudra faire à moins de deux cens efcus, & aduiendra toutefois que le maiftre de la maifon aura meilleur marché de celle de deux cens efcus, pour l'excellence de l'ouurage, que l'autre qui n'en coufte que la moitié, eftant la befongne de l'ouurier expert bien faite, auec fcience & art, & l'autre mal faite auec ignorance.

Quant au paué & quarrelage des falles, chambres, & garderobbes, il fera aifé, par ce qu'auons dit cy deffus, de fçauoir à combien monte la toife : & faut feulement mefurer les fuperficies de chacun membre, & en faire vn nombre & fomme totale.

Pour les autres pauez des offices, fi vous voulez qu'ils foient de grais, ou de pierre dure, faut fçauoir qu'en vaut la toife fur le lieu, pour eftimer le nombre, & faire fomme totale dudit paué.

Sera befoin, pour fçauoir que couftera la charpenterie, de dreffer vn eftat, ou memoire du nombre des trauees, tant des eftages que des combles : Affauoir combien à chacun eftage y a de trauees, la quantité des foliues de chacune trauee, le nombre des poultres, la longueur & épeffeur d'icelles, fommer le prix qu'elles auront coufté : ferez le femblable de chacune trauee, regardant le prix de chacun foliueau, & faire fomme de la trauee, & autre fomme de toutes les trauees de l'edifice. Pour les combles, faut auffi voir le nombre des trauees, cheurons, & garniture de chacune d'icelles, valant telle fomme : Et de toutes lefdites trauees ferez fomme totale : Et femblablement de tout le bois de charpenterie. Faut auffi regarder feparément que couftera la façon de chacune chofe à part, tant des trauees que des combles, & que le tout foit bien declaré, pour apres faire marché total, ou feparément, fi bon vous femble. Obferuant cet ordre, cognoiftrez ce que couftera toute ladite charpenterie.

Pour le regard des couuertures, foit tuile, ou ardoife, vous verrez aifément fur le plan & deffeing la quantité & nombre des toifes. Et par ce que cy deffus a efté declaré le moyen de fçauoir que couftera chacune toife, foit l'vn ou l'autre, vous calculerez le total felon fa valeur & prix.

Pour la menuiferie, fi vous voulez fournir le bois, donnez ordre qu'il foit fec de deux ou de trois ans pour le moins, auant que le mettre en œuure. Vous ferez marché pour les façons feparément, tant pour la croifee de telle forte, felon la façon que la voudrez, que femblablement pour les huis d'affemblages, & huis forts : & du tout ferez fomme totale.

Pour la ferrurerie, vous fçaurés du maiftre ferrurier que couftera la ferrure de chacune croifee au grád chaffis à fix guichets, & de deux chaffis à quatre guichets, & felō le prix, & le nombre defdittes croifees, arrefterez le nombre total : ferez le femblable de chacune huifferie garnie de ferrure, pommelles, courreaux, crampons, & felon le prix de l'vne, arrefterez le total. Auffi compterez le nombre des verges pour les paneaux des vitres des croifees : fachant le prix de l'vne, arrefterez le total defdittes verges, & par les fufdittes fommes en arrefterez vne totale pour le fait de la ferrurerie.

Pour les vitres, vous fçaurez combien on vend le pied de verre de France, & combien celuy de Lorraine, qui n'eft pas fi beau ne fi cher, & choifirez lequel vous voulez auoir : confidererez aprés combien de pieds contiendra chaque paneau, combien il y a de paneaux à la croifee, & mettez le tout par memoire, & de tout le nombre defdits pieds ou paneaux, faittes fomme totale.

Finablement faittes de toutes les fommes arreftees, vne totale, & par là verrez la defpenfe de voftre baftiment, & mefurez vos moyens pour n'entrer en frais plus grands que ne pouuez porter.

Ce deffeing

I.

CE deſſeing demonſtre vn lieu enclos dás vn quarré paralelograme, de cin-quanre & cinq toiſes de largeur, & de vingt & cinq de profondeur (qui ſont treize cents ſoixante & quinze toiſes en ſuperficié, qui valent cinq quartiers de terre, moins vne corde, ou enuiron) auquel à la ligne du mi-lieu ſur le derriere eſt la maiſon du Seigneur, ayant ſa court ſur le deuant du logis. Du coſté ſeneſtre d'icelle eſt vn iardin, & du coſté dextre eſt la baſſe court.

Ce lieu eſt fermé de murailles portans tallut dans les foſſez, & és quatre coings d'i-celuy, y a quatre defenſes battans au long des courtines, dont celle du coſté du deuát de la baſſe court ſert de colombier, lequel par bas a vne petite allee voultee, éleuee de ſix à ſept pieds de haut. Au milieu & centre du rez de terre d'iceluy eſt vn pillier, ſur lequel ſera portee ladite voulte, faiſant ſa circonference tant à l'entour d'iceluy, que ſur les murailles du colombier. Icelle allee pourra auoir ſept ou huit pieds de large, & ſeruira non ſeulement pour batteries au long des courtines, mais auſſi de laitterie: au deſſus icelle ſera le colombier.

L'entree du lieu eſt iuſtement au milieu de la courtine ſur le deuant, où eſt aſſis le pont-leuis, dont d'iceluy on vient à vne place en maniere de petite court, à laquelle à dextre & à ſeneſtre ſont deux petits corps de logis, à chacun deſquels eſt chambre baſſe, garderobbe, & greniers deſſus. Celuy du coſté du iardin ſeruira pour ſuruenáts, ſe bon ſemble, l'autre pour le metayer, ayant ſon fournil auec ſa commodité. D'icelle place on va à la baſſe court par le coſté dextre, ayant ſa grange & preſſoir, & vne pe-tite eſtable entre deux. Du coſté dextre de l'entree ſont eſtables, dont l'vne ſera pour cheuaux, & les autres pour beſtail.

De la ſuſditte place il faut monter quatre ou cinq degrez à la court du Seigneur, laquelle a quinze toiſes de large, & huit de profondeur. Icelle n'eſt fermee du coſté de l'entree, & de la baſſe court, que d'vne muraille d'appuy de trois pieds de haut, le logis du Seigneur ayant ſon regard ſur icelle pour y découurir.

A l'entree du logis du Seigneur eſt vn perron rond, auquel on monte des deux co-ſtez à vne gallerie faitte en demie circonference, de laquelle on entre és membres & commoditez du logis. Par bas ſur le rez de terre dans la place oualle, qui eſt entre les deux montees de l'eſcallier, ſe peut éleuer vne fontaine, & y eſt ce lieu fort propre, voire ſi le Seigneur a aupres de luy quelque ſource, & qu'il y vueille faire la deſpence.

La forme de ce baſtimét ſont deux pauillons, & vn petit corps de logis entre iceux, dans lequel eſt au milieu vne petite allee ſeruant de paſſage, de laquelle on va à vne petite terrace eſtant entre les deux pauillons ſur le derriere. Par le milieu d'icelle l'on deſcend des deux coſtez à vne autre terrace baſſe eſtant ſur le foſſé. Et d'icelle on va à vn terraut en forme ronde plantee d'aulnes, ayant vne table de pierre ou d'ardoiſe au milieu, & ce lieu ne ſert que de beauté, eſtát iceluy circui de foſſé en circóference.

Les deux pauillons ſont éleuez de deux eſtages au deſſus du perron, & leur galletas deſſus. Au deſſous du perron ſont les offices, auſquelles faudra deſcendre du rez de terre de trois ou quatre pieds, & icelles s'accómoderont ſelon le deſſein du plan. Au petit corps de logis du milieu, qui eſt entre iceux pauillons, eſt l'eſcallier, auec quel-ques cabinets, dont le paſſage ſuſdit eſt entre deux. D'iceluy eſcallier on deſcendra à couuert aux offices, & qui voudra à deſcouuert par le perron.

Le iardin eſt au coſté ſeneſtre du logis du Seigneur, lequel a vingt toiſes de largeur, & vingt & cinq en profondeur, le tout enclos dans la place, comme dit eſt.

La cloſture des courtines & petits forts, (à prendre trois toiſes du pied du fonde-ment iuſques au deſſus de l'appuy ou parapel, & pour le colombier, à prendre du fondement iuſques à ſon entablemét huit toiſes, comprenant auſſi le tallut regnant du logis du Seigneur du coſté du foſſé) reuient à cinq cents quatre vingts toiſes,

B

Toute la maçonnerie de la basse court, auec les éleuations des clostures regnantes au tour le lieu de dix à vnze pieds de haut au dessus des talluts, & les deux petits corps de logis (hors mis les contrescarpes, qui regnent entour le fossé par le dehors, & dont ie ne fay mention, & aussi qu'il n'est besoin y faire la despence) reuient à six cents soixante & dix toises.

Toute la maçonnerie du logis du Seigneur (à compter du pied du fondement iusques à son entablement, sept toises & demie, rabatant le mur, du tallut, du costé du fossé ia compté) reuient à six cents trente toises.

Les voultes des offices & caues, reuiennent à soixante & quinze toises.

Pour le regard du paué des offices, il ne faudra pauer que la cuisine, dont ie n'en fay point de calcul.

Le carrelage des trois estages, reuient à cent cinquante toises.

A chacû estage y a quatorze croisees, qui sont vingt & huit pour les deux : toutefois ce ne serôt que fenestres sans mesneau : les chassis y posez ferôt les croisees de paneaux.

Dixsept petites lucarnes, & dixsept petites veuës en glacis, pour l'estage des offices & caues.

La couuerture du logis du Seigneur reuient à sept vingts toises.

La couuerture de tout le logis de la basse court reuient à deux cents trente toises.

A chacun estage il y a deux cheminees, vne à chacune chambre, & point aux garderobbes, qui sont six pour les trois estages, & vne à l'estage des offices.

Il y aura en tout le logis du Seigneur quarante huisseries ou enuiron, & quinze grandes que petites à la basse court.

Il y a à chacun estage six trauees, & deux poultres, sans les petites du petit corps du milieu, & les combles.

Les trois petits pauillons des coings seruent de defense, & se couuriront de pierre de taille, en forme pyramidale, comme apparoit par le desseing de l'éleuation.

II.

E dessein demonstre vne masse de bastiment d'assez legere ordonnance, n'ayât qu'vn estage manable, lequel est éleué du rez de terre de cinq à six pieds : & dessous se pourra faire quelques caues, ou celiers, côme le premier plan le figure : la court sera sur le deuant, & le iardin sur le derriere.

Le contenu de la court & bastiment, non comprins le iardin, a de largeur vingt & deux toises, sur vingt & trois de profondeur, qui font en superficie cinq cens six toises, qui valent demi arpent, moins quatre toises & demie, ou enuiron.

De la court on montera quatre ou cinq pieds pour venir à vne terrace fermee de trois costez de bastimêt, & sur le deuât de la court, d'vn appuy de trois pieds de haut. D'icelle terrace faut derechef monter quelques deux pieds pour entrer par deux coings és cômoditez d'iceluy estage, lesquelles font vne salle, vn cabinet, & vn serre-nappe. Du costé dextre d'icelle salle est vne chambre auec sa garderobbe, cabinet & priué : de l'autre costé fenestre, est vne cuisine, le gardemanger, l'escallier, vne chambre, sa garderobbe, & vn cabinet. Au dessus sont galletas, ou greniers.

Des deux costez du bastiment, sont deux allees pour passer de la court au iardin, fermees du costé d'icelle par deux portes, au dessus desquelles aussi sur vne partie des allees, sont prins deux cabinets, vn de chacun costé, qui sont ceux dont nous auons par cy deuant dit, qui seruent pour les chambres.

Dans la court, du costé de l'entree à dextre & à senestre, sont deux petits corps d'hostel de legere ordonnance : l'vn pour seruir à escuries, l'autre pour vne petite chambre & garderobbe.

Pareillement és deux costez de la court, tant à dextre qu'à senestre, se plâteront six arbres, qui seront douze pour les deux costez, & feront monstre comme deux petites

terra-

terraces respondantes du grand corps aux deux petits sur le deuant, & se pourront icelles terraces éleuer du rez de la court d'vn demy pied,& les pauer de pierre, & seront couuertes des fueilles des arbres: vous verrez comme il est desseigné par le plan du rez de chaussee de la court,qui suit apres le fueillet de son éleuation.

Toute la maçonnerie de ce bastiment (à prendre du pied du fondement iusques au dessus de l'entablement quatre toises & demie,non comprins les murs des clostures,ains seulement les deux petits pauillons ioignans le corps) reuient à quatre cents cinquante toises.

La maçonnerie de la closture de toute la court iusques au iardin,& des deux petits corps sur le deuant, reuient à sept vingt dix toises.

Le carrelage de l'estage & du galletas,ou greniers,reuient à six vingt dix toises.

La couuerture de tout le bastiment, auec les deux cabinets couuerts en dosme,reuient à sept vingts six toises.

Il y a vnze croisees auec neuf, que demies que bastardes.

Plus quinze trauees tant grandes que petites,& ne sont les garderobbes comptees que pour vne : mais la salle pour quatre : plus les combles à l'aduenant.

Il n'y a en tout ce bastiment que quatre cheminees, vne pour la salle,deux aux deux chambres,& vne à la cuisine,qui n'en voudroit faire au galletas pour seruir de chambres en lieu de greniers.

Plus vingt huisseries.

La couuerture des deux petits corps de deuant, reuient à cinquante toises.

Plus vne cheminee à l'vn des petits corps,auec quatre huisseries,& six petites fenestres, & quatre petites lucarnes.

III.

C E dessein demonstre vne closture ou pourpris,dans lequel est assis vn logis seigneurial,& sur le derriere d'iceluy vn iardin, & au deuant vne basse court: laquelle,comprins ses commoditez,a trente cinq toises de large,& vingt de profondeur, qui font sept cens toises en superficie. Le logis seigneurial contient,tant en sa court qu'aux bastiméts,vnze toises de large, & quatorze de profondeur,qui font sept vingts quatorze toises en superficie. Le iardin a trente & quatre toises de large , & dixsept de profondeur, qui sont cinq cens soixante & dixhuict toises plaines,qui est en tout quatorze cens trente & deux toises, qui valent cinq quartiers,& quatre cordes de terre,quelque peu moins.

A l'entour de la closture regne vn terraut d'vnze pieds de large,excepté qu'és deux costez du logis du Seigneur sont deux places plus grandes,l'vne à dextre, l'autre à senestre: dans lesquelles se pourront pratiquer deux petits forts d'arbres de cyprez,ou de lauriers : au milieu d'iceux quelque table,pour tousiours rédre le lieu plus aggreable & plaisant. Il faut aller en ces deux places par la court du Seigneur. Tout le terraut regnant entour le clos est fermé d'vn fossé de trois ou quatre toises,selon la volonté du Seigneur.

L'entree du logis est par la basse court,à laquelle est le pont leuis. A dextre & senestre d'icelle sont logis,tant pour le metayer,que pour les suruenants, auec escuries & estables pour le bestail: & sur le derriere d'icelle,tant d'vn costé que d'autre, sont pareillemét deux corps de logis,l'vn pour seruir de grâge,l'autre de pressoir & foulerie.

De l'entree on passe au trauers de la basse court pour aller au logis seigneurial, par vne allee pauee,ou bien plátee d'ormes d'vn costé & d'autre. Au deuát duquel est vne petite court où lon monte deux ou trois degrez pour y venir de la basse court. Et d'icelle faut derechef móter à vne petite terrace quatre degrez,en laquelle est vn perró, par lequel on monte derechef pour aller és commoditez du logis seigneurial, lequel est composé d'vn corps de logis de douze toises de longueur, auec deux autres petits pauillons, l'vn à dextre, l'autre à feneftre de la terrace.

Les commoditez du logis feigneurial font d'vn efcallier au milieu : & d'vn cofté d'iceluy eft vne falle, & de l'autre vne chambre & vn cabinet. Les deux petits corps ioignants, font deux garderobbes, l'vne pour la commodité de la falle, l'autre pour le feruice de la chambre. Au deffous de ces membres, principalement fous le grand corps, font caues, efquelles on defcend des deux coftez par la court du Seigneur, comme apparoift par le deffein de l'éleuation. Au deffus de la falle, chambre, & garderobbe, font galletas de pareilles commoditez.

Es deux coings du grãd corps du cofté du iardin, font cõme deux petits pauillõs, lefquels feruiront à chacun eftage de petits cabinets : & qui ne voudra les faire feruir dés le bas, il fe pourra faire fous chacũ vne arcade voultee fort plaifante fur le iardin.

Toute la maçonnerie de la baffe court (tant des cloftures, lefquelles auront deux toifes de haut du rez de terre, & trois pieds de fondation, que tous les baftiméts comprins en icelle, excepté le logis feigneurial) reuient à quatre cens cinquante toifes.

Le logis feigneurial, prenant du pied de fa fondation iufques à l'entablemét, cinq toifes de hauteur, tant pour les offices & caues, que pour l'eftage de deffus, que auffi pour ce qui eft éleué pour le galletas, le tout reuient à trois cens foixante toifes.

La clofture du iardin, à prendre deux toifes du pied du fondement iufques à fon éleuation, reuient à deux cens trente toifes.

La couuerture de tous les baftimens de la baffe court, reuient à deux cens toifes.

La couuerture de tout le logis feigneurial, reuient à cent quinze toifes.

Les voultes, tant des offices que des petites caues, reuiennent à foixante toifes.

Le carrelage de deux eftages du logis feigneurial, reuiét à cent toifes, non cõprins les offices, d'autãt que ce qui eft pour offices fe doit pauer, ou faire de gros quarreau.

Le carrelage de la maifon du metayer, & la maifon femblable, affife à l'oppofite d'icelle, qui fera pour les furuenants, reuient à vingt & deux toifes.

Il y a au logis du Seigneur douze cheminees, & deux à la baffe court.

Il y a huiĉt croifees au grand corps, & quatre demies aux deux petits. Pareillement huiĉt lucarnes au galletas, & quatre demies, fans les petites feneftres, tant pour le iour des offices, que des deux petits pauillons.

Il y a huiĉt trauees au logis du Seigneur, & autant au galletas, faits en combles, & trois poultres, fans les petites trauees des petits pauillons.

En la baffe court, és deux logis, fix trauees, & autant aux greniers en comble, & deux poultres, vne à chacun cofté.

Il y a vingt & deux huyz en tous les eftages du logis feigneurial.

En la baffe court, il y en a douze, fans la grande porte de deuant, & auffi quelques petits aux eftables.

IIII.

C E deffein reprefente vne place fermee de tous coftez de foffez, laquelle a foixante & dix toifes de largeur, & vingt de profondeur, qui eft en nombre quatorze cens toifes de fuperficie, qui font cinq quartiers vne corde, ou enuiron, non comprins les faillies des petits pauillons des coings. Du cofté feneftre d'icelle place, eft la baffe court auec fes commoditez, & du cofté dextre, eft le logis feigneurial. Entre icelles courts y a vn foffé, ayant vn pont au milieu, pour feruir de paffage de l'vne à l'autre.

En ceftedite place y a deux entrees, l'vne à la court du Seigneur, l'autre à la baffe court, & à chacune vn pont leuis.

Ladite baffe court a quarante toifes de large, & vingt de profondeur, dans laquelle font cõprins les baftimés y neceffaires, lefquels font affis fur le derriere, en face & veuë de l'entree. Au milieu eft la grãge, aux deux coftez de laquelle fur le deuant font
deux

deux eftables, l'vne à dextre, l'autre à feneftre, éleuees feulemét de fept à huict pieds.

Par le dehors d'icelle font deux allees, l'vne à dextre, l'autre à feneftre, pour du rez de la court veoir le foffé au deffus les appuis : ou bien qui voudroit pratiquer l'vne d'icelle en defcéte par deffous le tallut, moyénant vn arc, par lequel on feroit boire le beftail, y gardát toutefois quelque ordre de defenfe, pour empefcher l'entree à ceux qui y voudroient nuire. Es deux coftez, & outre les allees font deux corps de logis, l'vn feruant pour retirer vn metayer, ou laboureur, auec eftables pour cheuaux, l'autre feruira à eftables pour beftail.

En icelles font deux petits efcalliers fufpendus pour aller aux greniers.

Es deux coings d'icelle baffe court, par le dehors font deux éleuations : celle de deuant feruira de colombier, au bas duquel fe fera vne voulte éleuee de fept à huict pieds. Et en icelle place fera la laitterie, de laquelle on defcouurira le long des foffez. A l'autre coing fera pareillement en faillie vn petit fort de fept pieds dans œuure feulement, & couuert en forme pyramidale, dont la pointe finira au coing de la clofture, duquel fort on defcouurira auffi le long des foffez.

La court du Seigneur a vingt toifes en quarré : fur le cofté dextre d'icelle eft le logis du Seigneur, ayant vne terrace de deux toifes de large, ou enuiron. Ioignant iceluy, il faut monter de la court à icelle terrace par vn perron eftant affis au milieu, duquel on peut monter des deux coftez. Aux deux bouts d'icelle terrace y a deux petits pauillons de chacun cofté, feruans pour le grand corps de montee & priué.

Le grand corps de logis eft accommodé de membres deffeignez fur le plan. Es coings d'iceluy par le dehors, font deux pauillons inefgaux, feruans tant pour commoditez à chacun eftage, que pour defcouurir le long des foffez.

Au premier eftage eftát à rez de terre de la court, fe pourroiét faire les offices, & les accómoder fuiuant & cóme ie le vous ay deffeigné de l'autre part, auec la terre dont cy deffus auons parlé : & faut que la terrace foit éleuee de la hauteur des voultes des offices, qui fera de neuf à dix pieds de haut. Au deffous d'icelle terrace fera vne gallerie à arcades, & voultee comme ie l'ay figuree à l'éleuation faite de la face de la court.

L'eftage qui eft au deffus, au rez de la terrace fur la gallerie, ce feront les commoditez deffeignees fur le plan figuré auec la baffe court. Au deffus feront galletas accommodez de tels membres que l'eftage de deffous. Les pauillons eftans és coings, feront éleuez d'vn eftage plus que le grand corps, pour feruir aux galletas d'iceluy, & auffi pour donner beauté au lieu.

Le foffé fur lequel feront affis les deux ponts où font les entrees, eft élargy en demie circonference, pour toufiours donner plus de grauité au foffé.

Le iardin (eftant fur le derriere) tient tout le contenu de la longueur de la place, qui eft foixante & douze toifes en quarré, auec la faillie des pauillons, dans lequel en maniere de croix, & és enuirons, font allees plantees d'arbres, auec efpailliers feparans & rendans le iardin en quatre parties. Aufquelles fe peuuent, fi bon femble, faire parquets tous efgaux, ou bien les diuerfifier d'ordonnances, & enrichir comme lon aduifera, dont s'en pourra trouuer de diuerfes fortes par vn liure que n'agueres i'ay mis en lumiere. Encor que i'aye clos & fermé par mes deffeings le iardin de foffez, & murailles en tallut, tant du cofté du iardin, que par le dehors du foffé : neantmoins fi bon femble, ledit iardin fe peut fermer de haye, & auffi que ie n'en fay nul calcul ne compte au toifage.

Toute la clofture du lieu, affauoir des talluts éleuez depuis les fonds des murailles iufques au cordon, de deux toifes & demie de haut, le tout reuient à quatre cens cinquante toifes, non compté la contrefcarpe, laquelle fe peut fermer de haye, ou la laiffer fans clofture, qui feroit le meilleur.

Toute la maçonnerie, tant de la baffe court que de fes clostures, ayant deux toifes de haut, reuient à cinq cens quatre vingts dix toifes.

Toute la maçonnerie du corps de logis du Seigneur, & de la clofture de fa court, auec le pont feparant les deux tours, reuient à fept cens toifes.

Les voultes des offices, reuiennent à huict vingts dix toifes.

Le carrelage de tous les membres du logis du Seigneur, reuient à deux cens toifes, non compté celuy des offices, lequel fe pourra pauer principalement à l'endroit de la cuifine.

La couuerture de tout le logis du Seigneur, reuient à neuf vingts dix toifes.

La couuerture de toute la baffe court, reuient à trois cens cinquante toifes.

Il y a huit cheminees en tout le logis du Seigneur, & deux au logis de la baffe court.

Plus dix croifees au logis du Seigneur, auec dix lucarnes au galletas, & quatorze petites feneftres fimples pour les pauillons, & autres places.

Plus douze trauees au logis du Seigneur, tant grandes que petites, & quatre poul-tres: douze autres trauees pour les combles.

Il faut trente huifferies au logis du Seigneur.

A la baffe court faut quinze petites feneftres, & autant de petits iours pour les greniers.

Plus à ladite baffe court, enuiron trente huifferies.

<h1 style="text-align:center">V.</h1>

E baftiment eft vn petit logis, ayant vne court fur le deuât, vn iardin der-riere, & deux petits iardins à fruicts à dextre & à feneftre d'iceluy. Tout le contenu du lieu reuient à trois cens foixante & quatre toifes de fuperfi-cie, qui font vn tiers d'arpent de terre, moins demie corde, ou enuiron.

L'entree de ce lieu eft par vne court au deuant du logis, laquelle a feulement cinq toifes en profondeur, & huict & demie de largeur.

Le corps de logis confifte en vn eftage, & le galletas deffus, accompagné de quatre petits pauillons faillans és coings: chacun d'iceux a deux eftages, & vn petit galletas deffus.

Les commoditez du logis font, vne falle de vingt pieds de large, fur fix toifes deux pieds de long: és angles d'icelle, font quatre petits pauillons, lefquels entrent dedans ledit corps de logis, qui font & rendent en partie la falle quarree comme vne cham-bre: & des deux coftez d'icelle, ce font deux arcs, vn de chacun cofté, voultez en par-quets, qui donnent beauté à la falle par le moyen de ces renfondremens. Dans cha-cun d'iceux arcs fe fera vne croifee, en forte que le iour fe trouuera dedás ladite falle ou chambre des quatre coftez. La place du lit fe mettra contre l'vne des croifees, ioi-gnât la cheminee, laquelle fera fermee de menuiferie, & feruira pour vn petit cabinet, côme il eft figuré fur le plan, & iraon en iceluy cabinet, entre la cheminee & le lict.

Faut entendre que les deuant & derriere d'icelle falle ou chambre font pareils, & qui voudra, d'vne mefme fymmetrie. Semblablement les renfondremens du cofté dextre & feneftre d'icelle falle feront pareils. Sous la profondeur d'iceux renfondre-mens, qui eft de fept pieds à chacun, y a deux paffages, vn de chacun cofté, pour aller és commoditez des pauillons: dont l'vn feruira de montee, & d'vn priué derriere: l'autre oppofite, de cabinet: les deux autres, de garderobbes.

Au fecond eftage de ladite falle ou chambre, feront galletas: mais les eftages des pauillons ferôt encor à plancher, à caufe qu'iceux font éleuez plus haut que le corps du millieu: & mefme qu'au deffus du fecond eftage d'iceux, fera encor vn galletas, auquel on ira par vn petit efcallier pratiqué à leur deuxiefme eftage en dedans, com-me il eft deffeigné fur le plan de l'vn.

Ce lieu eft garni d'vne petite efcurie pour quatre cheuaux, auec vne petite court & vne petite place à ferrer les harnois, & coucher les valets, & ce du cofté dextre de la court: l'autre cofté oppofite, à feneftre, eft vn fournil ayant pareille petite court &

place

place que la fufdite. Outre ladite court à dextre & à feneftre, font deux autres petites places pour s'en feruir à chofes qui fe trouueront y eftre neceffaires.

Du rez de la court on monte trois degrez, pour aller en vne petite terrace eftant entre les deux faillies des deux pauillons de deuant, & ioignât le corps de logis: dont d'icelle terrace on entre par l'vn des coftez à vne cuifine, & de l'autre cofté oppofite, à l'efcallier, auquel eft vn paffage pour aller à l'vn des petits iardins, & de là, au grand iardin.

Pour aller à l'autre petit iardin, faut paffer par la petite place, eftant du cofté de l'efcurie.

Es deux coftez du grand iardin, vers l'entree, entre les faillies des petits pauillons, font deux berceaux de galleries figurez au deffein, dont l'entree dudit iardin fe trouue fous l'vne d'icelles.

Tout le contenu de la maçonnerie, tant du logis que des cloftures & membres y enclos, reuient à quatre cens quatre vingts toifes.

Le carrelage de tout le logis, reuient à quatre vingts dix toifes.

Il y a neuf chemincees pour tout.

Il y a cinq croifees auec huict demies pour les quatre petits pauillons, & cinq lucarnes pour le galletas du corps du millieu, & quatre petites pour les quatre petits pauillons.

La couuerture du logis du Seigneur, reuient à cent dix toifes.

La couuerture de l'efcurie, du fournil & des petites places, reuient à foixante & dix toifes.

Il y a neuf trauees au logis du Seigneur, tant grandes que petites, auec deux poultres. Plus neuf trauees aux côbles, fans les deux petits combles prochains de l'efcurie, & du fournil.

Il y a, tant au logis du Seigneur qu'à la baffe court, trente huifferies, ou enuiron.

V I.

E baftiment eft affis en vne place d'vn quarré imparfait de vingt & quatre toifes de largeur, fur feize de profondeur. La place ainfi que le plan fe côporte, reuient à trois cents quatre vings quatre toifes en fuperficie, qui font quelque tiers d'arpent de terre, & vne corde ou enuiron, non compris les foffez circuifants en tous les angles, le deffeing du plan.

Le principal de ce baftiment, eft vn corps de logis, affis fur le derriere de la court, accôpagné de deux petits corps aux bouts d'iceluy, l'vn à dextre, l'autre à feneftre, figurez en pauillons, à chacun defquels eft ioignant vne petite gallerie à arcades par bas, & en terrace deffus: par lefquelles du grâd corps on vient à deux autres petits pauillons eftans fur le deuât de la court, affis de coing en coing, & entre lefquels y a vne petite gallerie par bas, allant de l'vn à l'autre, & au deffus vne terrace, & faifant cloture de la court fur le deuant.

Le millieu d'icelle eft deffeigné en demie circonference, en laquelle eft l'entree du lieu, auec fon pontleuis. Iceux deux pauillons font garnis de cômoditez deffeignees fur le plan. Deffous le grand corps, & pareillement au premier eftage des deux petits pauillons, des deux coftez y feront les offices neceffaires. Au haut de la terrace eft le rez du premier eftage du grand corps, auquel font eleuez deux eftages, & le galletas deffus. Quant aux deux petits corps du rez d'icelle terrace, il n'y a qu'vne eftage, & le galletas deffus.

Le premier eftage deffeigné à l'eleuation, fert à l'eftage des offices, côme dit eft cy deffus, lequel refpond à la hauteur de la terrace. Dans iceux petits corps font côprins les efcalliers du grand corps, comme le deffeing de l'eleuation le monftre.

Chacun eftage d'iceluy grâd corps eft accommodé, affauoir par le cofté dextre, de falle & garderobbe, & le petit corps ioignant, de chambre, garderobbe, & escallier. A l'autre costé seneftre eft vne antichambre, sa garderobbe & chambre. Et au petit corps ioignant, vne arriere chambre, & garderobbe, auec l'escallier. Sur le millieu d'iceluy grand corps eft vn renfondrement d'vne demie circonference imparfaite, au millieu de laquelle eft vne allee pour passer à vn petit corps oual, auquel eft vn escallier regnant en tous les eftages, à la cime duquel eft vn dofme doublement éleué pour auoir le regard de tous coftez.

Du rez de la court, eft vne terrace regnante entour le logis par le dehors, de fept pieds & demy de large, commençant desdits deux coftez de l'escallier oual, & finif-fant aux deux petits pauillons qui font fur le deuant. Icelle terrace eft affife fur le tal-lut du foffé.

Toute la maçonnerie de ce baftiment (comprins les talluts, tant du dedans de la contrefcarpe, que de tous les corps) reuient à feize cens quatre vingts toifes.

Les voultes des offices de deffous le grand corps, & des deux petites, reuiennent à cent cinquante toifes.

Le carrelage de tous les eftages du baftiment (excepté les offices, lefquelles fe pa-ueront de pierre) reuient à trois cens vingt toifes.

La couuerture de tout le logis, reuient à deux cens trente toifes.

En tous les eftages y a dixfept cheminees.

Au grand corps, à chacun eftage y a fix croifees, qui font douze pour les deux eftages, & deux pour les petits corps, & autant de lucarnes au deffus, auec dix fene-ftres baftardes, & douze iours defcendans és offices.

Plus en tout le logis vingt & fix trauees, & quatorze poultres, grandes que petites, fans les combles.

Plus en tout le logis cinquante huifferies.

VII.

E deffein reprefente vn corps de logis affis dans vn quarré parallelograme de vingt toifes en largeur, & quinze en profondeur, qui font trois cens toifes de fuperficie, qui valent vn quartier d'arpent de terre, & deux cor-des, vn peu moins.

Ce lieu eft fermé és quatre coftez de courtines: aux quatre coings font quatre forts en forme ronde, le tout enclos d'eauë.

Les courtines, & les talluts, auec les forts, fe feront de terre fans autre matiere, en donnant bon empattement aux talluts. Pour le regard du parapel, qui fera fur les tal-luts, il fera bon de laiffer raffeoir les terraux, & les talluts eftans faits à leur hauteur, quelque demy an, pour affaiffer la terre: & apres laiffer raffeoir deux ou trois pieds de parapel, & cela affis, le laiffer encor repofer deux ou trois mois: puis apres affeoir derechef vne autre affiette de parapel deffus le premier, de la hauteur que voudrez: afin que la terre fe puiffe plus aifément affaiffer deffus la premiere, fans fe corrom-pre: ou bien fi voulez faire vos talluts, parapel, & forts de gafons & faffines, voftre logis fera tout fermé fans grande defpenfe de la maçonnerie.

Pour le regard du baftiment, c'eft vne maffe de trois corps de logis, liez enfemble, deux fur le deuant, & vn fur le derriere, ayant fur la face de deuant quatorze toifes de largeur, & huict & demie de profondeur; chacun corps a trois eftages, le premier fert d'offices & caues: il y faut defcendre du rez de terre de quatre ou cinq pieds, & au deffus d'iceluy eft vn autre eftage en galletas.

A l'entour du logis, regne vne terrace feruant de court, de quatorze pieds de lar-ge, entre le mur du logis, & le parapel.

Premierement du rez de terre pour entrer au logis, faut môter deux ou trois pieds àvne place en forme d'vne petite court fermee de trois coftez des trois corps de logis,

&

& d'icelle môter derechef à vne petite terrace deux ou trois degrez, & d'icelle terrace on entre aux palliers des montees, eſtans és coings de ladite terrace : deſquels palliers on va par les coſtez à la ſalle, & de la ſalle aux chambres, & aux cômoditez de l'eſtage.

Au deſſus eſt le galletas, accommodé de pareilles commoditez que le precedent.

Tout le baſtiment (ayant cinq toiſes depuis ſa fondation iuſques à l'entablement) reuient à trois cens cinquante toiſes.

Les voultes de l'eſtage bas des offices & caues, reuiénent à ſoixâte & quinze toiſes.

Le carrelage des deux eſtages, auec les palliers des degrez, reuiét à cent vingt toiſes.

Il y a huit cheminees aux deux eſtages, & vne à l'eſtage, des offices, qui eſt la cuiſine.

Il y a neuf croiſees, & huiĉt demies.

Neuf lucarnes, & huiĉt petites.

Ne faiſant à la ſalle que trois trauees, & deux à chacune chambre, auec les deux des garderobbes, font neuf trauees, & quatre poultres.

Autant de trauees aux galletas, toutefois en comble.

Il faut en tout le logis trente portes, ou enuiron.

La couuerture des cinq pauillons, comme le deſſein de l'éleuation le monſtre, reuient à huiĉt vingts toiſes.

A l'entree ſera vne baſculle aſſiſe ſur vn bon tallut de pierre, ou bien vn pont leuis, auec quelques petites feneſtres aux montees, leſquelles ſeront couuertes en forme de doſme, reſpondant toutefois ſur les angles.

VIII.

E lieu pour le regard de ſes cômoditez n'eſt gueres diſſemblable au precedent : Eſtant pareillement dans vn quarré parallelograme, de vingt & quatre toiſes en largeur, & ſeize en profondeur, non comprins l'épeſſeur du parapel & tallut, ne pareillement la ſaillie des forts, qui ſont trois cens quatre vingts quatre toiſes de ſuperficie, qui font vn tiers d'arpent, & vne perche de terre, & quelques toiſes, ou enuiron, ayant quatre forts quarrez és quatre coings.

Les courtines auec les forts & tallut, le tout ſe fera de terre, y pratiquant de petits iours ou canonnieres pour batteries.

Ce deſſein fait monſtre d'vne allee en berceau de ſix à ſept pieds de large, de charpenterie, ou treille couuerte de vignes, ou couldroyes deſſus les terraces, & ioignant les courtines : Et icelle pour donner quelque commodité ou beauté pour ſe pourmener l'Eſté à couuert, pour la chaleur du Soleil. Les courtines & forts ne laiſſeront pas de demeurer en leur entier & force.

Pour le regard des pilles ioignant le pont leuis, icelles ſe feront de pierre en tallut, comme il eſt figuré au deſſein de l'éleuation.

Quant à la maſſe du corps de logis, il y a dixſept toiſes de large, & neuf de profondeur, les terraux d'enuiron trois toiſes & demie de large, dont l'allee de treille y eſt comprinſe.

Les corps de ce baſtiment ont deux eſtages, & les greniers deſſus. Par bas ſous la ſalle, ſeront caues, & le reſte des deux coſtez ſeruira à offices. Du rez des terraux faut monter deux pieds à vne petite court, en maniere de terrace, eſtant deuant la ſalle, de cinq toiſes de large ſur quatre de profondeur, & d'icelle terrace on monte par deux degrez de chacun coſté, eſtans ſur le derriere és deux angles de ladite terrace où lon va aux eſcalliers, auſquels ſont les entrees de la ſalle & des chambres.

Le premier eſtage eſt accommodé d'vne ſalle ayant deux garderobbes, vne de chacun coſté, pour la commodité d'icelle. Plus deux chambres, deux garderobbes, & deux cabinets, auec deux eſcalliers. Le deuxieſme eſtage ſera de telles commoditez, & les greniers deſſus.

Mais aduenât qu'on ſe vouluſt paſſer de l'eſtage bas des offices, ne voulant faire la

Liure d'architecture

defpenfe,on pourra faire feruir la garderobbe de l'vne des chambres(laquelle a deux toifes & demie de long fur deux de largeur)de cuifine,par le moyen d'vn petit paffage entre la falle & icelle cuifine: & ioignant l'efcallier,la petite place,qui reftera prochaine de l'allee,feruira de gardemanger. Toutefois voulant faire feruir l'eftage bas à offices, au deffous de l'vne des chambres fe fera la cuifine, auec fon gardemanger fous la garderobbe. Et fous l'autre chambre de l'autre cofté fe fera vn fournil, auec quelques commoditez.Sous la falle feront caues, toutesfois y aura vne allee de quatre pieds,voultee,regnant de la cuifine iufques au fournil,pour aller de l'vn à l'autre, au milieu de laquelle fera l'entree de la caue.

Les fondements du logis feront de deux toifes & demie, au deffous du premier eftage éleué du rez de terre, fous lequel fe prendront les caues & offices, comme cy deffus auons dit: & d'iceluy eftage eleué du rez de terre, iufques à l'entablement, quatre toifes & demie, qui feroit de hauteur de mur, depuis le fondement iufques à la cime, fept toifes.

Toute la maçonnerie, comptant l'eftage des offices & caues, reuient à fix cens vingt toifes.

La voulte de la caue & offices, reuient à quatre vingts dix toifes.

Le carrelage,tant du premier eftage du rez de terre,que le deuxiefme, & celuy des greniers,reuient à deux cens dix toifes.

Les couuertures de tous les corps, couuerts en pauillons, comme le deffein de l'éleuation le monftre, reuiennent à cent quatre vingt toifes.

Il y a cinq cheminees à chacun eftage, & deux à celuy des offices, qui font douze pour le tout.

Il y a à chacun eftage quatre croifees, & quatorze demies, qui font huict croifees & vingt & huict demies, pour le logis, auec feize feneftres, tant fimples que foufpiraux,pour le iour de l'eftage des offices & caues.

Auffi quatre lucarnes,auec quatre petits iours ou veües, qui feront faites en maniere de petites lucarnes.

Il fera bon de faire à la falle cinq trauees, aufquelles il faudroit quatre poultres, pour caufe que n'en y ayát que trois, les trauees fe trouueroiét trop larges & foibles. Ce faifant feront treize trauees à chacun eftage, & fix poultres, qui feront pour les deux eftages vingt & fix trauees & douze poultres, & la moitié pour les combles.

Il y a en tous les eftages du logis quarante huifferies, ou enuiron.

I X.

CE deffein reprefente vn petit lieu,ayant toutefois beaucoup de commoditez.Et premierement le logis feigneurial auec fa baffe court,les iardins, tant à fruicts, que le iardin ordinaire: puis des prez & vignes auec vn eftang,au bout duquel le iardin & ledit logis feigneurial font contenus.

Pour le regard du contenu du clos,dans lequel eft comprins la baffe court, le iardin,& l'allee du deuant de l'entree, le tout contient quinze cens trente toifes en fuperficie, qui valent vn arpent,quartier & demy de terre,ou enuiron.

Le logis feigneurial eft,comme dit a efté,affis fur la queüe de l'eftang, enuironné d'eauë de tous coftez: il confifte d'vn corps d'hoftel feulement, auec quatre petits pauillons és quatre coings d'iceluy. Ce corps eft accommodé d'vne falle de fix toifes de long, fur quatre de large. Attenant icelle eft vne chambre de trois toifes en quarré. Des quatre petits pauillons qui font és quatre coings, l'vn de deuant fert d'efcallier,l'autre d'vne petite cuifine,les deux autres fur le derriere feruent à la falle, l'vn à ferrer le linge & vaiffelle, l'autre de garderobbe: vn chacun d'iceux a dans œuure deux toifes deux pieds d'vn cofté,fur dix pieds de l'autre.

Ce corps de logis n'a qu'vn eftage , & le galletas deffus, auquel galletas feront les mefmes commoditez qu'au premier eftage.

Les petits pauillons excedent en hauteur le corps de logis de quelque toife, pour en icelle hauteur gaigner plus aifément les cōmoditez, pour feruir aux membres du galletas. Et pour le regard des trois pauillons où n'eft l'efcallier, il fe peut faire en leur deuxiefme eftage, quelques petites montees contre les murs en certain endroit, de quelque deux pieds de large, pour monter de leur deuxiefme eftage au troifiefme qui feroient en galletas, aufquels il y auroit quelques petites commoditez pour ledit eftage : ou bien ne voulant faire aufdits pauillons que deux eftages, le deuxiefme fe peut faire en voulte lambriffee fur la charpenterie.

Au deuant d'iceluy logis eft vne petite terrace entre les deux pauillons, fur la largeur de la faillie d'iceux. Au milieu de laquelle eft le pont leuis, par lequel on vient d'iceluy à vne allee fermee feulement d'vn appuy, tant du cofté des iardins à fruicts que de l'eftang, qu'auffi de la baffe court, qui eft de trois pieds de haut du cofté de l'eftang, affis toutefois fur vn mur portant tallut dedans ledit eftang.

Pareillement le mur faifant clofture de la baffe court à l'eftang, n'a que trois pieds de haut du cofté d'icelle : encores que du cofté de l'eftang il porte fur vn tallut, comme auffi font les deux coftez du iardin.

Cefte allee eft à l'entree du pont par le dehors, & eft trauerfante, ayant quatre toifes de large fur fa longueur, au bout de laquelle, du cofté de l'eftang, y a vne defcente par degrez ronds pour defcédre à l'eauë : de l'autre cofté d'icelle eft l'entree à la baffe court, & au bout de ladite allee entre le logis du metayer & le iardin à fruicts, eft vn petit iardin pour ledit metayer, ayant fon logis à l'entree de ladite baffe court, lequel eft accompagné de fon fournil, & garderobbe. Sur le cofté feneftre eft l'efcurie & eftables pour beftes. Au milieu eft la grange de dix toifes de long, & quatre de large. Au bout, & fur la fin de la court eft vn corps de logis de pareille longueur & largeur que la maifon du metayer, & ce pour refpondre à la fymmetrie du lieu. Iceluy corps feruira de preffoir, foullerie, & vinee, aupres duquel fera le colombier.

Le iardin principal a vingt & fix toifes en quarré : és quatre encogneures d'iceluy, quatre petites tourelles de fept à huict pieds de large, en aucunes defquelles fe pourra faire quelque grotte, aux autres quelques petites gentilleffes, comme fontaines, cabinets, ou ce que bon femblera. On va à iceluy iardin par la baffe court, ou bien par vne petite poterne, qui eft derriere le logis du Seigneur.

Sur le derriere, en la longueur du iardin de la baffe court, & de l'eftang, font deffeignees quelques allees prinfes dans des prez, outre lefquelles font vignes.

Au deuant de l'entree du logis eft vne allee droitte, clofe de muraille de cinq toifes de large fur telle longueur qu'il femblera bon, aux coftez de laquelle font deux iardins à fruicts.

Toutes les murailles & cloftures, tant du iardin, de la baffe court, du tallut, eftables, granges, que les quatre petites tours du iardin, le tout de ce reuient à fept cens toifes de muraille, les vnes fortes, les autres foibles.

La maçonnerie de tout le corps de logis du Seigneur (prenant deux toifes au deffous du cordon, iufques au fond) reuient à trois cens foixante toifes.

Le carrelage des deux eftages, auec la petite terrace fur le deuant, reuient à cent toifes.

La couuerture, tāt du corps que des quatre petits pauillōs, reuiēt à cent dix toifes.

En tout le logis font feulement fept cheminees.

Six croifees au grand corps.

Audit grand corps fix lucarnes.

Huict feneftres baftardes aux quatre petits pauillons.

Quatre petites feneftres en lucarnes aux quatre petits pauillons.

Trois trauees pour le corps au premier eftage, auec vne poultre.

Huit petites trauees aux quatre petits pauillons.

Le comble du corps de logis.

Les combles des petits pauillons.

La couuerture des quatre petites tourelles du iardin, reuient à vingt huit toiſes.

La couuerture du colombier, & les deux corps de la grange, & de toutes les eſtables, reuient à deux cents ſoixante & dix toiſes.

Il y a quarante huiſſeries en tout le logis.

X.

CE baſtiment eſt aſſis en vne place en forme de paralelograme, qui eſt vn quarré plus long que large, & de vingt & deux toiſes & demie de largeur, ſur vingt ſept & demie de profondeur, qui fait en nombre ſix cents dix-huit toiſes & demie vn quart en ſuperficie, qui eſt demi arpent cinq perches & demie de terre, ou enuiron. Ceſte place eſt vn terraut foſſoyé de tous coſtez, fermé d'vne haye, ayant le tallut de terre contre icelle. Es quatre coings ſont quatre petits flancs pour battre le long des courtines, & hayes.

Le baſtiment eſt compoſé de quatre corps de logis, la court au milieu, laquelle ſert partie de baſſe court, & partie d'vne terrace éleuee ioignant le corps, qui eſt en face de l'entree, & le logis du Seigneur. Iceluy corps a quatre toiſes de largeur & ſeize de longueur hors œuure. La court a dix toiſes deux pieds de largeur, & vnze & demie de profondeur, comprenant la terrace de la court: faut monter ſix ou ſept degrez pour monter à ladicte terrace, de laquelle on va au logis du Seigneur.

Le corps de deuant eſt accómodé d'vne grange d'vn coſté, & de l'autre de preſſoir & vinee. L'entree du lieu eſt entre les deux, ſur laquelle eſt éleué le colombier. Le pontleuis eſt aſſis ſur deux pilles de muraille au bout du terraut, ſur le deuant. Ledit terraut regne à l'entour du baſtiment, ayant iceluy de largeur trois toiſes, & fermé de la haye ſuſditte.

Les deux corps de logis de la court, le dextre & ſeneſtre ſont accommodez d'eſcuries, auec quatre autres petites eſtables, leſquelles s'appliqueront pour le ſeruice de la baſſe court: plus de deux montees, vne de chacun coſté, ayant chacune ſon priué derriere, dont d'icelles faut monter de chacun coſté pour aller és greniers eſtants ſur les eſtables. Au contraire faut deſcendre quelques degrez pour aller au priué. Le reſte des deux corps ioignants aux deux bouts ſeruent de commoditez pour le logis du Seigneur.

Le grand corps principal eſt accommodé d'vne ſalle, d'vne garderobbe, & cabinet, auec deux chambres, deux garderobbes, & vne montee. Les deux garderobbes ſont prinſes dans les corps du dextre & ſeneſtre, comme il eſt cy deuant dit, iuſques à l'aduancement de la terrace, qui eſt de ſeize pieds.

Au deſſus eſt le galletas garni de pareils membres de commoditez. De chacune garderobbe ſe peut prattiquer l'aiſance d'vn priué, faiſant monter du bas vn conduit de chacun coſté, iuſques à la hauteur deſdittes garderobbes.

I'ay fait la couuerture de touts les corps de ce logis en pignons & ſans crouppe, excepté les deux garderobbes qui ſont couuertes en pauillon.

Sous le logis du Seigneur, & ſous les deux garderobbes ſe fera l'eſtage des offices, auquel on deſcendra tant par le degré du corps du Seigneur, que par les degrez de la baſſe court, comme i'en ay deſſeigné quelques vns deſcendants de ligne droitte, leſquels continuerót iuſques au bas des offices, deſquelles i'ay fait vn plan à part au deſſus du deſſeing, auquel eſt comprins ſous le corps du baſtiment du Seigneur, la caue & deux caueaux. Ioignant l'vn des caueaux à dextre ſera la cuiſine & ſon gardemanger: ioignant l'autre à ſeneſtre eſt le fournil, auec vne place comprinſe deſſous le corps de la garderobbe, pour ſeruir de bluterie.

La caue & caueaux se voulteront : mais la cuisine & fournil, auec les places prochaines ne seront point voultees, ains planchees qui voudra, & comme mesme i'en ay fait le calcul.

Tout le bastiment reuient à cinq cents quatre vingts toises de muraille.

Les voultes des caues & caueaux à trente toises.

Le carrelage de tout le logis à cent quarante toises : non comprins la terrace, laquelle se pauera, & n'en fay point de calcul.

Sept lucarnes & six petites en ouale.

Sept croisees auec quatre demies pour le logis du Seigneur, & vingt, tant fenestres bastardes, que petites lucarnes, pour la basse court.

Dixsept trauees grandes que petites, sans les combles du galletas.

Six poultres pour les deux estages bas.

Deux cents soixante & dix toises de couuerture, comprins le colombier.

Huit cheminees pour les trois estages.

Trente huisseries pour le logis du Seigneur, grandes que petites, & dix pour la basse court.

XI.

E bastiment est assis dans vn quadrangle de trente & vne toise de largeur, sur vingt & huit de profondeur, qui sont huit cents soixáte & huit toises de superficie, qui sont trois quartiers, trois cordes de terre, ou enuiron : non comprins les quatre forts saillants dans le fossé de deux toises de chacun costé.

Le bastiment est construit de quatre corps de logis fermans la court, laquelle a dixhuit toises & demie de largeur, sur douze & demie de profondeur. Es quatre coings du bastiment, sont quatre tours saillantes outre le corps de deux toises, qui est le diametre du dedans de chacune d'icelles tours. A l'entour du logis est vn terraut, ou terrace de trois toises de large, ou enuiron : sur le bord duquel est vne haye de trois ou quatre pieds de large, assise sur la scime du tallut, lequel est de terre.

Le premier corps de ce bastiment, faisant la face du deuant, est ordonné de deux pauillons, & vne gallerie entre deux. Au milieu d'icelle est l'entree. Icelle gallerie est à arcades & voultee : au dessus est vne terrace. Chacun d'iceux pauillons (qui sont deux corps de logis) est éleué de deux estages, & le galletas dessus : au dessous par bas ce sont celiers.

Le grand corps principal est pareillement éleué de deux estages, & le galletas dessus : au dessous par bas ce sont offices.

Les deux corps estáts à dextre & à senestre de la court, ont chacun de largeur deux toises dans œuure seulement, éleuez du rez de la court d'vn estage, & le galletas dessus : l'vn seruant de gallerie planchee à arcades par le deuant sur la court : au dessus d'icelle est vne gallerie en galletas, auec lucarnes : l'autre corps opposite est de pareille largeur, & hauteur, dans lequel se peut prendre quelques commoditez necessaires pour vn logis : sous iceux deux corps n'est besoing y faire offices, ains ce seront caues.

Tous les corps dudit logis sont accommodez de membres desseignez sur le plan. Es deux angles de la court faisants l'esquierre du logis principal, & des petits logis, sont deux escalliers accommodants tant le grand logis que les petits.

Pour le regard des courtines & forts, assis és encoigneures, i'enten que ce ne soient que terraux, ne pareillemét les forts, aux bouts desquels se peut faire vne haye forte de trois ou quatre pieds d'espesseur, laquelle estant plantee, en peu de temps les iettons d'icelle se pourront lier & entrelacer les vns dans les autres auec aide : de sorte qu'en trois ou quatre ans se fera vne haye, ou espallier aussi fort que muraille, & regnera cet eſpallier par toutes les courtines, & à l'entour des forts : Et faut laiſſer éleuer la haye, ou eſpallier de quatre ou cinq pieds de haut, & au trauers y faire & prattiquer quelques petites canonnieres pour deſcouurir au long des courtines. I'ay fait & declaré ceſte maniere, pour ceux qui n'ont la volonté ou pouuoir de faire les frais qu'il conuient pour faire les cloſtures & defences de maçonnerie.

La maçonnerie de tout ce baſtiment, prenant vne toiſe de fondement ſous les caues & offices, reuient à dix ſept cents cinquante toiſes.

Les voultes ſous le grand corps ſeruants d'offices, auec les voultes des tours & des deux caues, reuiennent à huit vingts dix toiſes.

Le carrelage de tous les eſtages dudit logis, reuiét à quatre cés quatre vints toiſes.

Il y a en tout le logis vingt & ſix cheminees.

La couuerture, tant du grand corps que des quatre tours & des deux pauillons de deuãt, & pareillement des deux petits corps des deux coſtez de la court, le tout reuiét à trois cents ſoixante & dix toiſes.

Au grand corps de logis de derriere, au premier eſtage ſont treize croiſees, & au deuxieſme quatorze.

Quatorze lucarnes au galletas.

Plus aux deux pauillons de deuant, à chacun premier eſtage , ſont huit feneſtres, au deuxieſme eſtage autant , auec deux moyennes pour les deux montees, auſſi huit petites lucarnes pour leur galletas, & deux autres pour les montees.

Auſſi quelque trente petites feneſtres, tant és deux petits corps qu'és tours , dont aucunes ſont en petites lucarnes.

Pour le regard des trauees, il y en a vnze à chacun eſtage du grand corps de derriere, auec cinq poultres, qui ſont vingt & deux trauees & dix poultres , ſans les côbles.

Les deux pauillons ſur le deuant, ont chacun deux eſtages ſans les combles, & celiers au deſſous. Et à chacun deſdits eſtages trois trauees & vne poultre, qui eſt pour chacun pauillon deux poultres & ſix trauees:& pour les deux enſemble, quatre poultres & douze trauees.

Les deux petits corps n'auront qu'vne trauee, chacune deſquelles regnera depuis les pauillons de deuant iuſques aux corps de derriere, & leur comble deſſus.

A chacune des quatre tours y aura trois eſtages, à chacun d'iceux deux trauees, qui ſeront pour les quatre, huit trauees, auec les doſmes deſſus.

Au premier eſtage de tous les quatre corps & tours, y aura tréte & deux huiſſeries, au deuxieſme , vingt & neuf, & au galletas vingt & deux, & vingt aux offices, caues, & celiers, qui ſeront en nombre cent trois, ou enuiron.

XII.

CEſte place eſt vn quarré parallelograme, de vingt & deux toiſes de largeur, ſur dix ſept de profondeur, qui font trois cents ſoixante & quatorze toiſes en ſuperficie, qui eſt vn tiers d'arpent & vn quart de corde ou enuiron. Es quatre coings d'icelle place, ſe feront quatre tours ou caſemattes quarrees, voultees, ſaillátes d'vne toiſe dans le foſſé. Ces tours, outre ce qu'elles rédent le lieu fort, ſeruirôt de beaucoup de cômoditez pour le logis, & ſe pourront couurir ſur leurs voultes de pierre ou bricque large, liee en forme de doſme, pour mieux repreſéter force. Au milieu de la courtine de deuãt ſera vne baſcule ſeruãt de pôt-leuis.

Le baſtiment aura trois eſtages: le premier eſt au rez de terre, lequel ſeruira à offices & caues. Du rez de terre on monte par vn perron des deux coſtez, pour aller à vn pallier ou place, laquelle ſert pour l'eſcallier, & pour les cômoditez de l'eſtage. A coſté feneſtre d'iceluy eſcallier, eſt la ſalle de vingt & quatre pieds de large ſur quaráte de long, accómodee d'vn grand cabinet, eſtant derriere l'eſcallier. Pareillemét d'vne garderobbe auec vn autre petit cabinet, & vne petite place prinſe dãs vn petit pauillon, qui eſt au coing du corps du logis. Sur le derriere de l'autre coſté droit de l'eſcallier y a vne chambre de vingt & quatre pieds en quarré, auec ſa garderobbe de dixhuit pieds de long, & quinze pieds de large, & deux petites places pareilles aux ſuſdittes, eſtants dedans l'autre pauillon, qui eſt à l'autre coing dudit corps de logis, & pareil au precedent : eſquelles places on y va de la chambre par vne petite allee, ſeparant la garderobbe d'icelles, dont la petite pourra ſeruir de priué, d'autant qu'elle eſt prochaine de la garderobbe.

Le troiſieſme eſtage eſt vn galletas de pareilles commoditez, ſi on ne veut faire ſeruir la ſalle, de chambre & garderobbe, par le moyen de quelques cloiſons.

L'eſcallier regnera vn eſtage au deſſus le galletas, auquel & pareillement à la place prochaine ſur le deuant, demeurera vne place qui pourra ſeruir à retirer les armes, ou bien en faire vne eſtude.

A l'entour d'iceluy logis eſt vne terrace en maniere de court, de quatre toiſes de large ou enuiron par endroits, comme ſe void par le deſſein du plan.

Les quatre tours, ou places quarrees, auec les courtines, ayans deux toiſes & demie d'éleuation de leur fondement, reuiennent à trois cens ſoixante & dix toiſes.

La maçonnerie de tout le baſtiment, à compter ſix toiſes de hauteur du pied du fondement iuſques au deſſus de l'entablement, reuient à cinq cens trente toiſes.

Voultant le premier eſtage par tout, les voultes reuiendront à cent toiſes.

Le carrelage de chacun plancher, reuient à ſoixáte & dix toiſes, dont il y en a trois, à ſçauoir le premier qui ſert à offices, le deuxieſme & le galletas deſſus, ſeroit pour les trois, deux cens dix toiſes.

La couuerture de tout le logis, auec les deux pauillons de derriere, reuient à ſept vingts toiſes.

Les cheminees, à compter deux pour le premier eſtage où ſont les offices, quatre au deuxieſme eſtage, & deux au galletas, ſont huit cheminees pour tout le logis.

Au premier eſtage où ſont les offices, y a neuf feneſtres baſtardes, auec quatre demies. Au ſecond eſtage y a dix croiſees auec cinq demies. Au galletas y a neuf lucarnes & vne croiſee, auec cinq petits iours, ou petites lucarnes aux pauillons, auec quatre petites lucarnes au grenier.

A chacun eſtage y a dix huiſſeries, qui ſeront trente pour tout le logis.

Pour la charpenterie au deuxieſme eſtage, y a dix trauees que grandes que petites, auec trois poultres à l'eſtage du galletas, le grand comble en pauillon, & les deux petits combles des pauillons, auec la couuerture de l'éleuation d'audeſſus le pallier.

XIII.

E deſſein repreſente vn baſtimét ſeigneurial, ayant ſa baſſe court ſur le deuant, & le iardin ſur le derriere, fermé de foſſez de tous coſtez. La place & le contenu, ainſi qu'elle ſe comporte, a trente & ſix toiſes de largeur, & cinquante & cinq de profondeur, qui ſont dixneuf cens quatre vingts toiſes, qui valent vn arpent trois quartiers, trois cordes, quelque peu plus.

L'entree de ce lieu eſt par la baſſe court, au deſſus de laquelle eſt le colombier. Au coſté ſeneſtre d'icelle eſt la maiſon du metayer, grange, & eſtables à beſtail. Du coſté ſeneſtre ſont écuries, preſſoir, & vinee, auec autres commoditez.

De l'entree d'icelle baſſe court on monte comme par vn eſcallier droit, l'entree duquel eſt deſſus vne caue cloſe d'vn mur d'appuy de trois pieds de haut en forme oual, & d'iceluy on vient à vne terrace eſtant au deuant du logis, & contenant en longueur la largeur d'iceluy, éleuee de neuf ou dix pieds de terre.

D'icelle terrace on entre au logis ſeigneurial, lequel n'a qu'vn eſtage du rez d'icelle en éleuation, & ſon galletas deſſus. Au rez de terre de la court, iuſques à la hauteur de la terrace, ſe peut faire l'eſtage des offices & caues : de la commodité de l'eſtage vous le verrez par le deſſeing du plan. Outre le corps du baſtiment ſur le derriere du coſté du iardin regne vne terrace, de laquelle on deſcend de l’eſtage en iceluy par degrez faits en demie circonference. D’icelle terrace on va à deux petits pauillons, eſtans és deux coings de la baſſe court aſſis ſur le foſſé, leſquels ont leur regard, tant ſur la baſſe court, iardin, que de tous coſtez à l’enuiron. Ladite terrace a pareil regard.

Sur le derriere de la ligne trauerſante du iardin, eſt vn petit pauillon ouuert à pillaſtres: le reſte cognoiſtrez par les deſſeings, tant du plan du baſtiment, que du plan general, qu’auſſi de celuy de l’éleuation de tout le contenu.

La maçonnerie de la cloſture du lieu, tant de la court que du iardin (la prenant du pied du fondement iuſques au deſſus du chapperon du mur, qui fait la cloſture) a trois toiſes, & reuient à ſix cens vingt toiſes, dont vne partie de la hauteur ſeruira pour les commoditez de la baſſe court.

Le reſte de la maçonnerie des commoditez de la baſſe court, reuient à quatre cens trente toiſes.

La maçonnerie tant du logis du Seigneur auec la terrace qui regne des deux coſtez, qu’auſſi des petits pauillons, reuient à ſept cens cinquante toiſes.

Le carrelage des trois eſtages, & celuy de la maiſon du metayer, reuiét à deux cents quatre vingts toiſes.

La couuerture du logis du Seigneur, & des trois pauillons, reuient à deux cents dix toiſes.

La couuerture de toute la baſſe court, reuient à trois cents ſoixante & dix toiſes.

Il y a douze croiſees & deux demies.

Plus douze lucarnes & deux demies, & huit feneſtres baſtardes pour l’eſtage des offices.

Plus dix cheminees, & vne à la maiſon du metayer.

Plus douze poultres & vingt trauees.

Plus les combles, tant du logis du Seigneur, que ceux de la baſſe court.

Plus vingt cinq huiſſeries pour le logis du Seigneur, & dixhuit pour la baſſe court.

XIIII.

CE deſſeing demonſtre vne maſſe de baſtiment de ſeize toiſes & demie de largeur, ſur huit de profondeur, qui eſt en nombre cent trente & deux toiſes en ſuperficie, qui valent demi quartier de terre, il ſ’en faut demi-corde, quelque peu moins, non compté les ſaillies des pauillons eſtants és quatre coings.

Ce baſtiment a deux eſtages, & le galletas deſſus. Sur la maſſe du corps, au deſſus du galletas, eſt vn grenier de la longueur & largeur que tient la ſcime du galletas.

Le premier eſtage eſt au rez de terre, & ſeruira à offices, & eſt voulté comme le plan de ſon deſſeing le demonſtre. Il y a vn paſſage au milieu, par lequel on ira de la court qui ſera ſur le deuant, au iardin, qui doit eſtre ſur le derriere. De l’vn des coſtez d’icelle ſera vne caue, de l’autre coſté ſeront caueaux: tout le reſte ſont commoditez neceſſaires à offices, comme apparoiſt par ledit plan.

Le ſecond eſtage eſt accommodé de membres manables, dont au deſſus des allee, caue, & caueaux, eſt vne ſalle contenant en longueur la largeur de la maſſe du corps, ayant deux croiſees pour veüe ſur la court, & deux autres ſur le iardin. Tout le reſte eſt accommodé de membres neceſſaires des deux coſtez de laditte ſalle.

L’eſtage du galletas ſera de tels membres, que le ſecond eſtage, qui eſt au deſſous d’iceluy: Sur lequel ſera vn grenier de la longueur & largeur que portera le comble dudit galletas.

Toute la maço nnerie du baſtiment, ayant ſix toiſes du pied du fondement iuſques au deſſus de l’entablement, qui ſera ſept pieds & demy de fondement, compté pareillement

lement touts refans, ou entre-deux, le tout reuient à six cents toifes.

Les voultes des offices reuiennent à fix vingts dix toifes.

Le carrelage des trois eftages, fans celuy du grenier, que ie ne compte point, reuient à deux cents foixante toifes.

Les couuertures, tant de toute la maffe, que des pauillons aux quatre coings, ainfi qu'ils fe comportent, reuiennent à deux cents quarante toifes.

Au deuxiefme eftage y a vingt & deux trauees, & vnze poultres, tant grandes que petites.

Au galletas autant, felon l'ordre du comble, dont le grenier eft prins dedans.

Il y a quatorze cheminees pour les trois eftages.

Il y a au premier & fecond eftage trente & huit croifees pour le grand corps, dont il y en a quatre fermees à demi pour les efcalliers, & quatre demies pour les deux petits pauillons fur le cofté de la court.

Plus dixhuit lucarnes en croifees pour le grád corps, & deux petites feneftres pour les deux efcalliers, & quatre demies lucarnes pour les deux pauillós du cofté de la court, auec autres petites feneftres pour le grenier, lefquelles fe feront de charpenterie.

Plus enuiron cinquante huifferies pour touts eftages.

X V.

CE deffeing monftre vne maffe de baftiment fermee d'eauë de tous coftez, à laquelle il n'y a point de court, excepté que du pont on entre en vne terrace, au front de laquelle eft vn efcallier feruant aux eftages. Ce baftiment n'a qu'vn eftage, & le galletas deffus, fi ce n'eftoit qu'on vouluft faire vn eftage bas dans l'éleuation du tallut, & le voulter, & en iceluy faire les offices & caues : toutefois ie ne l'ay fpecifié ne calculé. Et ne faifant point d'eftage bas pour icelles offices faudroit que l'vne des chambres & garderobbes, qui font en l'vn des coftez, feruift de cuifine & gardemanger, & f'accommoder du refte en logis.

Tout le contenu de ce baftiment, reuient à cent quatre vingt dix toifes de fuperficie, qui valent demi tiers d'arpent & demi corde, quelque peu moins.

Ce baftiment en fon premier eftage eft accommodé d'vne falle, ayant huit toifes de longueur fur quatre de largeur. Des deux coftez d'icelle font deux petites chambres, chacune de feize pieds de long fur treize & demi de large, fçauoir eft, vne de chacun cofté. Plus és angles d'icelle falle, y a deux places de dix pieds de lóg fur fept pieds & demi de large, l'vne pour vn cabinet, l'autre pour ferrer le linge & vaiffelle d'argent. Plus és deux coftez de l'efcallier, font deux châbres, l'vne à dextre, l'autre à feneftre d'iceluy, chacune de vingt & deux pieds & demi en quarré, garnies de leurs garderobbes, de feize pieds de long fur treize pieds de large. Dót d'vn des coftez fe pourra faire cuifine & gardemanger, comme i'ay dit cy deffus. Et fe trouueroit iceluy premier eftage garni de cuifine, gardemanger, falle, garde-nappe, cabinet, trois chambres, & vne garderobbe.

Le deuxiefme eftage, lequel eft deffeigné en galletas, fera accommodé de pareils membres. Si la volonté du Seigneur eft de faire au deffus de la falle deux bonnes chambres, par le moyé de quelques cloifons, chacune d'icelles auroit quatre toifes en quarré, garnies de garderobbes, qui feroient prinfes dans les petites chambres fufdittes, ioignant la falle, auec auffi chacune fon cabinet, qui feroient les deux places eftants és angles de la falle. Outre cedit eftage de galletas, auroient encor les deux chambres eftants aux coftez de l'efcallier, chacune fa garderobbe : De forte qu'en cet eftage de galletas fe trouueroit quatre chambres, quatre garderobbes, & deux cabinets.

Pour le regard des greniers, & autres chofes neceffaires, cela fe retireroit à la baffe court. Et pour ce que les volontez des hommes font diuerfes, les vns voulát auoir en leur clos toutes les chofes

Liure d'architecture

veulent auoir le lieu où ils font leur demeure exempt de toutes autres chofes, &
que le tout ne ferue qu'à eftre logeable, renuoyant le refte à la baffe court. A cefte
occafion i'ay voulu amener en ce prefent liure de toutes fortes de baftiméts pour con-
tenter vn chacun.

Le tallut regnant au tour de ce baftiment, ayant depuis fon fondement iufques au
cordon feulement deux toifes, reuient à huit vingts toifes.

Toute la maçonnerie, reuient à trois cents cinquante toifes.

Toute la couuerture, reuient à deux cents dix toifes.

Le carrelage des deux eftages, reuient à neuf vingts toifes.

A chacun eftage il y a fept cheminees, qui font quatorze pour les deux: mais voulant faire au galletas fur la falle deux chambres, il faudra vne cheminee d'auátage, qui
feroit quinze.

Il y a au premier eftage quinze trauees grandes que petites, & fix poultres.
Plus les combles.

Il y a au premier eftage douze croifees, auec dix feneftres baftardes.

Plus douze lucarnes au galletas, & dix petites.

Il y a pour tout le logis vingt & cinq huifferies.

X V I.

C E baftiment eft affis dans vn quarré paralelograme, de vingt & neuf toifes
en largeur, & treize en profondeur, qui font trois cents foixante & dix fept
toifes en fuperficie, qui valent vn tiers de terre, demi corde, ou enuiró, non
comprins les faillies des petits forts des coings, ne la faillie de la demie circonference, qui eft fur le deuant où eft l'entree & pont-leuis, ni pareillement la faillie
de la terrace par l'emdroit de l'efcallier fur le derriere, entre les deux forts.

En ce baftiment font trois corps de logis joints l'vn à l'autre: celuy de derriere eft
le plus grand, lequel a vingt & deux toifes en longueur par le dehors, & quatre de largeur dans œuure. Au milieu duquel eft l'efcallier, faillant fur le derriere dans la terrace, laquelle regne entour le logis.

Les deux autres corps de logis ont chacun huit toifes en longueur par le dehors, &
trois & demie dans œuure: Entre lefquelles, & au milieu eft vne court en maniere de
terrace de huit toifes & demie de long, fur la profondeur de vingt & quatre pieds.

Vn chacú d'iceux corps a deux eftages, & le galletas deffus: au deffous d'iceux font
les offices accommodez comme le defleing le figure.

Les deux eftages & galletas au deffus du rez de terre, font accommodez de membres, comme vous pourrez veoir par le plan: Toutefois fi bon femble, au fecond eftage fe peut faire au deffus de la falle deux chambres, & ce par le moyen des cloifons y
appliquees.

Tout le circuit, auec les quatre petits forts, ayants trois toifes depuis la fondation
iufques au cordon, & au deffus trois pieds d'appuy, reuiét à trois cents foixante toifes.

Tout le baftiment contient (comprins l'eftage des offices & vne toife de fondation
au deffous) huit cents quatre toifes.

Les voultes des offices, reuiennent à neuf vingts toifes.

Le carrelage des trois eftages, reuient à trois cents trente toifes, non comprins l'e-
ftage des offices.

La couuerture de touts les logis, reuient à trois cents toifes.

Vingt cheminees, fix à chacun eftage, & deux aux offices.

Cinquante quatre croifees.

Vingt & huit lucarnes.

Trente trauees que grandes que petites, & quatorze poultres.

Cinquante & cinq huifferies, tant pour les eftages que pour les offices.

XVII.

E baftiment eft vne maffe de trois corps de logis ioints enfemble, affauoir vn au milieu, & deux autres fermants & ioignants les deux bouts d'iceluy, lequel a de lōgueur vingt & vne toife, & vingt & cinq pieds de largeur, non comprins les terraces & efcalliers, ioignants iceluy des deux coftez. Les deux corps des bouts fufdits, vn chacun d'iceux fe diuife en trois, vn au milieu, & vn à chacun de fes bouts, qui le ferment, & fe couuriront en pauillons : Et ont les trois enfemble dixhuit toifes de long fur la largeur de cinq, hors œuure, & fans les faillies des deux coftez, faittes en pauillon.

Le grand corps du milieu eft vne gallerie à arcades, laquelle de bout à autre fe va rendre aux baftiments eftants à fes deux bouts, & eft icelle gallerie éleuee de terre de fept ou huit pieds. Deuant & derriere icelle, font deux terraces de deux toifes de large, chacune éleuee de la hauteur fufditte: & pour y aller faut monter par quatre montees de degrez droits, deux de chacun cofté. Lefquels degrez fe vont rendre à quatre efcalliers eftants és quatre angles de la gallerie, & des corps ioignants à icelle. Iceux efcalliers feruants pour aller aux eftages des corps fufdits, & auffi à l'eftage haut de la gallerie, qui eft vne autre gallerie faitte en galletas.

Pour le regard des logis, és bouts de la gallerie, ils excedent en hauteur laditte gallerie d'vn eftage, & font iceux corps accomplis de commoditez, comme le monftrent, tant le plan du premier eftage, qui eft deux ou trois pieds plus bas que le rez de terre, que le deuxiefme plan, auquel fe voient les commoditez manables:auec ce le deffeing de l'éleuation vous monftrera & donnera à entendre le demeurant.

La maçonnerie de tout le contenu, reuient à dix neuf cents toifes.

Les voultes, tant de toutes les offices & caues, que de la gallerie, reuiennent à quatre cents foixante toifes.

Le carrelage de touts les planchers, reuient à fix cents cinquante & vne toife.

La couuerture de touts les combles, reuient à fix cents foixante toifes.

Vingt & deux croifees à chacun eftage, qui font pour les deux eftages, quarante & quatre.

Douze demies croifees à chacun eftage, qui font pour les deux vingt & quatre.

Vingt & deux grandes lucarnes au galletas, douze petites, & quatorze moyennes pour la gallerie.

Vingt & huit trauees à chacun eftage, qui font cinquante & fix pour les deux eftages, & quatorze combles.

Plus vingt & quatre poultres pour les deux eftages.

Plus la gallerie, neuf trauees de comble.

Vingt & fix cheminees pour tous eftages.

Quatre vingts huifferies pour tout.

XVIII.

E baftiment eft vne petite maffe de quatorze toifes de largeur, fur neuf de profondeur, fans la faillie du perron.

Iceluy baftiment a trois eftages, & le grenier deffus.

Le premier eftage eft au rez de terre, lequel faudra accommoder d'vn cofté, d'vne cuifine & gardemanger, & de l'autre cofté d'vn fournil:le refte feront caues, ou celiers.

Du rez de terre on montera par les deux coftez du perron, lequel tient vne demie circonference: & du perron on vient à vne terrace faifant la circonference entiere: Et d'icelle terrace on va aux commoditez, tant de la falle, de l'efcallier, qu'aux chambres estants en ce second estage.

De l'escallier, qui est entre la terrace ronde & les logis, on môte au troisiesme esta-ge, lequel est accommodé de pareils membres que le dessous : au dessus d'iceluy est le galletas, comme nous auons dit cy deuant.

Toute la maçonnerie de ce bastiment, à prendre huit toises du fondement iusques au dessus de l'entablement, reuient à cinq cents quarante toises.

Le carrelage de tous les estages, excepté la caue, reuient à deux cents quarante toi-ses, non compté la terrace ronde, laquelle se pauera.

Les couuertures de touts les combles, reuiennent à sept vingts dix toises.

Il y a neuf cheminees pour tous les estages.

Plus dixsept grandes fenestres, dont les chassis feront les mesneaux, auec six de-mies : toutefois de la mesme hauteur.

Plus quatre bastardes, & quatre demies pour la cuisine, le fournil, & leurs com-moditez.

Plus trois grandes lucarnes & quatre petites, & les rôds du dedans des frontispices.

Plus vingt & deux trauees pour touts estages, auec dix poultres, sans les greniers ou galletas, ausquels il faudra dix trauees, dont y en aura neuf en comble.

Plus vingt & quatre huisseries pour touts estages.

X I X.

E desseing demonstre vn bastiment fermé de doubles clostures & canaux, ayant son iardin de toutes parts à l'enuiron.

Entour iceluy logis, sur les quatre costez regne vne terrace, és quatre coings d'icelle sont quatre petits forts, le fossé circuit la terrace de toutes parts : Outre le fossé est le iardin, lequel est pareillement fermé d'vn autre fossé : iceluy iardin a de largeur soixante & seize toises, & soixante & deux de profondeur, qui font quatre mil sept cents douze toises, qui valent quatre arpents vn quartier de ter-re, moins vne corde, ou enuiron.

Ce lieu est accompagné de sa basse court, laquelle est sur le deuant, & faut passer au trauers & milieu d'icelle (pour venir au logis du Seigneur) par vne allee de neuf toises de large, separant icelle basse court en deux. A l'vne, au costé dextre, y est la mai-son du metayer, la grange, & estables à bestail, aussi le colombier. De l'autre costé se-nestre, y est le pressoir & vinee, auec estables pour cheuaux, le tout fermé & clos de canaux. A dextre & senestre d'icelles places, sont iardins à fruits. Deuant qu'entrer à la basse court, faut passer par vne grande allee au trauers du parc de dixhuit toises de lar-ge. Sur le costé du iardin, outre le grand fossé, sont prez diuisez par canaux & allees, dont celuy de derriere le iardin va respondre à vn estang, comme apparoist par le des-seing du plan general.

Pour le regard du bastiment, il consiste en vne salle de quatre toises de largeur, sur huit de lôgueur, garnie d'vn cabinet & d'vne place à serrer le linge. Icelle salle n'a qu'vn estage & le galletas dessus. A chacun costé d'icelle salle y a deux chambres, chacune sa garderobbe & son priué. Au dessus est encor vn pareil estage accômodé de tels mem-bres. Sur iceux estages est vn galletas, ou grenier.

Entre icelles chambres, de chacun costé est vne allee d'vne toise de large venant de la salle, par laquelle on va à vne petite terrace, estant en saillie dû costé du bastiment. Aussi d'icelle allee on va és chambres.

De l'vn des costez au premier estage, on fera seruir l'vne des chambres & garde-robbes à vne cuisine & gardemáger. Il s'y trouuera encor assez de membres sans y faire estages d'offices. Il faudra faire au dessous du premier estage, quelques caues & celiers. Sur le deuant & derriere de la salle, sont deux terraces fermees des deux costez de la saillie des chambres, outre la salle. Ce bastiment est garni de deux escalliers pour la commodité des chambres.

La maçonnerie du baſtiment du Seigneur, reuient à huiſt cens cinquante toiſes.

La cloſture du iardin, à prendre deux toiſes du fondement iuſques au deſſus de l'appuy, (non compté la contreſcarpe qui ſe fera de terre) reuient à deux cens ſoixante & quinze toiſes.

Le carrelage reuient à deux cens ſoixante toiſes.

La couuerture reuient à deux cens quarante toiſes.

Dix cheminees pour les deux eſtages.

Vingt & vne trauee pour le premier eſtage, & ſeize pour le deuxieſme, auec douze poultres pour les deux eſtages.

Plus les combles.

Treize croiſees au premier eſtage, & huiſt demies pour les quatre petits pauillons des coings: & au deuxieſme eſtage huiſt, & huiſt demies, & quatre baſtardes.

Dixſept lucarnes, grandes que petites.

Plus cinquante huiſſeries.

Pour le regard de la baſſe court, ie n'en fay nul calcul, le laiſſant à volonté, & auſſi qu'és deſſeings precedens en auez veu de pluſieurs ſortes.

XX.

CE deſſeing demonſtre vne place de cinquante & huit toiſes en quarré, qui font trois mil trois cens ſoixante & quatre toiſes de ſuperficie, reuenant à trois arpens trois perches de terre, quelque peu moins, ſans la ſaillie des rauelins & entrees.

Pour le regard du baſtiment, il eſt en forme d'vne circonference de trente toiſes de diamettre par le dehors: Au milieu & centre de laquelle eſt la cour de pareille forme de ſeize toiſes & demie de diamettre, entour laquelle, dans le corps du baſtiment, eſt vne gallerie voultee de vingt pieds de large, circuye d'eſcalliers du coſté de dehors, leſquels ont de large dix pieds.

Entour & hors iceluy corps circulaire, ſont deſſeignez quatre corps de logis, ſeparez les vns des autres, qui font qu'és angles par le dehors y ſont comprins quatre iardins reſpondants aux coings de la place : chacun iardin eſt de douze toiſes en quarré.

Ces corps de logis ſont éleuez de deux eſtages, & le galletas deſſus.

Vn chacun pour ſon regard, fait monſtre de trois corps, à cauſe des deux ſeparez, faiſans ſaillie & hauteur de deux eſtages, outre celuy du milieu, ſur lequel au ſecond eſtage ſont prattiquez quelques petits iardins en maniere de terrace.

Ceſte place a ſes quatre entrees aux quatre corps de logis, à chacun deſquels y a deux eſtages & le comble deſſus. Le premiert ſert d'entree & paſſage, pour aller d'iceluy par deſſous vne terrace, portee par arcs au logis : & au ſecond eſtage, on y va par la terrace d'audeſſus des arcs, où ſont prattiquez les petits iardins.

Par dedans le premier eſtage du grand corps en circonference, eſt la gallerie voultee : & le ſecond eſtage au deſſus eſt pareillemét vne gallerie voultee & à feneſtres, ſur laquelle eſt vne terrace regnant autour de la circonference, de laquelle on va aux galletas des quatre corps ioignants. Ie ne vous fay point de narré des commoditez des membres d'vn chacun corps, pour autant que le deſſeing du plan vous donneta plaine intelligence d'icelles, leſquelles ſe peuuent faire pareilles, tant au ſecond eſtage qu'au premier.

Pour le regard du galletas, ie n'y ay point figuré de lucarnes, ayant laiſſé cela à volonté, ny pareillement fait eſtat des offices, leſquelles ſe peuuent prendre & faire au bas du baſtiment, dans la hauteur des talluts.

Ce deſſeing eſt plus par curioſité, que par eſperance d'eſtre ſuyui: mais ſous ombre de cinq ou ſix baſtiments eſtranges qui ſont en ce volume, cela reſueillera aucuns esprits à en composer d'autres sortes à leur plaisir.

Les quatre rauelins & courtines, ayant du pied du fondement iusques au cordon, quatre toises, reuiennent à douze cens quatre vingts toises.

Le contenu de ce bastiment, comprenant tous les corps, reuient à six mil quatre cens toises.

Le carrelage de tous les estages de tous les corps de ce bastiment, reuient à seize cens cinquante toises.

Au premier estage de tous les corps, excepté celuy en circonference, y a quarante croisees : & au deuxiesme quarante quatre, auec huict demies : & au corps en circonference, il y en a seize par le dedans sur la court, & douze par le dehors.

Plus seize lucarnes basses.

A chacun estage y a vingt & quatre cheminees, qui seroient quarante & huit pour les deux estages : & voulant accommoder le galletas de membres, faudroit y adiouster autres vingt & quatre.

Aux deux estages de tous les corps y a cent douze huisseries, ou enuiron, non compté ceux du galletas.

Il y a à chacun estage du grand corps vingt & quatre trauees, qui sont quarante & huict pour les deux estages. Le reste est voulté à cause des iardins qui sont dessus. Plus vingt & quatre trauees en comble.

Plus douze trauees aux quatre corps où sont les pont-leuis : & seront icelles trauees au deuxiesme estage, à cause que le premier sera voulté, & autát de trauees en comble.

X X I.

CE bastiment est vn corps en forme de quadrágle, de seize toises de largeur, sur huict, moins pied & demy de profondeur, sans les saillies du perron de deuant, & des degrez en demie circonference par le derriere, estant composé de trois corps ioints ensemble, à sçauoir deux opposites l'vn de l'autre, & le troisiesme au milieu enfermé d'iceux. Lesquels sont en maniere de deux pauillons ayans vn chacun quatre estages, & celuy du milieu en a seulement trois.

Le premier estage de ce bastiment, est deux ou trois pieds plus bas que le rez de terre de la court : & auquel on descend de dessous le perron, qui est sur le deuant par le milieu : Et seruira iceluy estage pour offices, desquelles on montera par le perron à descouuert, ou bien à couuert par les deux escalliers, estans és deux costez figurez au plan.

Du rez de la court faut monter sept ou huit pieds par ledit perron, pour venir à vne terrace estant deuant la salle. Et entre les deux escalliers, desquels on va à la salle de chacun costé par les palliers desdits escalliers. En ce corps de logis du milieu est la salle, & au dessus d'icelle n'y a que le galletas, auquel se peut faire telle salle qu'au dessous : ou bien la separant par cloisons y faire chambre, garderobbe, cabinet, & passage.

Les deux autres corps estans en forme de pauillons des deux costez, ont à chacun de leur estage, chambre, & garderobbe, auec l'escallier, & au dessus est le galletas.

Sur le derriere du logis y a vne terrace de la mesme façon que celle de deuát, estant aussi à mesme niueau, seruant pour aller des chambres au iardin par vn perron en forme ronde, estant au milieu de ladite terrace.

I'ay fait icy quelques ordonnances de bastimens legers, sans leurs forts ne basses courts : d'autant que plusieurs voulans bastir, ne veulent pas changer ne toucher à leur basse court, se contentants de quelque petit logis seulement, ayás leur basse court en leur metayrie : qui est la cause que ie vous en ay desseigné en ce volume de cinq ou six sortes differents, pour vous en seruir selon qu'il vous semblera bon.

Toute la maçonnerie de ce bastiment, reuient à cinq cens quatre vingts dix toises.

Les voultes des offices, reuiennent à quatre vingts dix toises.

Il suffira, quant à l'estage des offices, de pauer seulement la cuisine, gardemanger, & quelque autre place: Le reste seruira pour commoditez de caues & celiers.

Quarante toises de paué fera le tout pour lesdittes offices.

Le paué des deux terraces, assauoir de celle de deuant, & celle de derriere, reuient chacune à sept toises, qui sont quatorze pour les deux.

Le carrelage de touts les estages, reuient à cent quatre vingts dix toises.

La couuerture de tout le logis, reuient à cent soixante & dix toises.

Il y a neuf cheminees en tout le logis.

Aux deux estages d'audessus les offices, il y a vingt & deux croisees, & huit demies.

Plus au galletas vnze lucarnes, auec treize petites, pour les petits garniers d'audessus.

Plus vnze petits iours pour les offices.

A chacune estage y a neuf trauees, & quatre poultres, qui sont dixhuit trauees & huit poultres, pour les deux estages d'audessus.

Plus les offices & les combles des galletas.

Pour touts les estages, trente & cinq huisseries.

XXII.

CE desseing represente vn corps de bastiment de vingt & vne toise & demie de longueur, sur cinq de large hors œuure, qui font cent sept toises & demie en superficie.

Ce corps contiét trois estages: le premier au rez de terre est dedié à offices, lequel ie desseigne voulté sur son plan : Toutefois il se pourra faire à plancher si bon semble. Au deuxiesme sera vne salle, deux chábres, garderobbes, cabinets, & autres places, ainsi que le deuxiesme plan le demonstre. Le troisiesme estage estant en galletas se fera de pareilles commoditez que le deuxiesme, sinon qu'au dessus de la salle se pourra faire vne chambre, accompagnee de garderobbe & cabinet, & ce par le moyen de cloisons seulement.

La couuerture de tout ce corps n'est qu'vn gros pauillon, au milieu duquel, & sur le dessus de la salle, se couuriront les aduancements d'icelle, qui sortent des deux costez, en deux demies circonferences, lesquelles se fermeront dedans la couuerture du grand corps, comme les desseings des éléuations, tant de la face de deuant, que de la face de derriere le monstrent.

Toute la maçonnerie de ce bastiment, reuient à six cents toises.

Les voultes du premier estage, reuient à cent dix toises.

Le carrelage des trois planchers, reuient à deux cents trente toises.

Toute la couuerture reuient à deux cents vingt toises.

Il y a quatorze cheminees pour touts les trois estages.

Il y a tréte & six croisees pour les deux premiers estages, & quatorze lucarnes pour l'estage du galletas, auec deux croisees, & quatre demies, estants és demies circonferences d'iceluy.

Il y a quinze trauees, grandes que petites, & quatre poultres au deuxiesme estage.

Plus les combles dü galletas reuenant aux trauees d'vn estage.

Il y a pour touts les estages, quarante huisseries, ou enuiron.

XXIII.

CE desseing represente vn corps de bastimét de vingt & six toises & demie en longueur, sur quatre toises & demie de profondeur hors œuure, & non comprins les saillies des deux pauillons des bouts, ne de celuy du milieu.

Le premier estage est ordonné à offices, lequel il faut voulter, & faut descendre en iceluy du rez de terre, de quelque sept ou huict pieds, tant par le grand escallier, estát au milieu du corps, que par les deux petites môtees figurees & prinses és deux pauillons des deux bouts. Par le deſſeing du plan ſe cognoiſſent les commoditez en iceluy pratiquees.

Touts les derniers eſtages de ce baſtimét, tant du corps de logis, que des pauillons ſont voultez: Au moyen que i'enten la couuerture d'iceluy en terrace, comme il ſe void par l'éléuation au deſſus du plan. Quant aux commoditez d'iceluy, elles ſe remarquent aiſément par ledit plan.

Il y a trois eſtages, le premier celuy des offices, qui eſt en partie dans terre, puis l'eſtage principal: & au deſſus d'iceluy vn autre petit eſtage baſtard. Les pauillons ont vn eſtage d'auantage.

Ioignant les pauillons des deux bouts, ſont deſſeignez quelques commécements de galleries, leſquelles on peut faire regner des deux coſtez iuſques au corps ſur le deuant, dont ie n'en fay icy nulle mention : & la court ſe trouueroit au milieu, fermee de touts coſtez.

La hauteur & largeur d'icelles galleries, ſont marquees à l'éléuation des pauillons des deux bouts au premier deſſeing, où la ſe void & cognoiſt, tant la premiere gallerie par bas, qu'vne prattiquee au deſſus, reuenant icelle au niueau de l'eſtage d'enhaut, prins au deſſous des voultes, & au deſſus du plancher de la ſalle.

L'éléuation figuree au haut, demonſtre la face du corps par le dehors du coſté des iardins. A la ſcime de l'eſcallier ſe peut faire quelque petit doſme quarré, aſſis ſur la voulte, comme vous voyez que le deſſeing le monſtre.

Toute la maçonnerie de ce corps, reuient à huit cents toiſes.

Les voultes, tant des offices, que celles d'audeſſus, reuiennent à deux cents cinquante toiſes.

Le carrelage des deux planchers, reuient à huit vingts dix toiſes.

Le terraut des offices, auec les terraces, reuiennent à pareil nombre de huit vingts dix toiſes.

Il faut pauer celuy des offices, & couurir les terraces de bonne pierre platte, à ioints recouuerts.

La couuerture du petit doſme, reuient à neuf toiſes.

Il faut pour l'eſtage d'audeſſus les offices, douze feneſtres, leſquelles ne porteront point de trauers, ni de meſneau. Ils ſont ſeulement de quatre pieds de large ſur leur hauteur : les chaſſis de bois y appliquez feront les meſneaux & trauers.

Il faut dixhuit petites feneſtres rondes, prinſes au deſſous des croiſees, deſquelles le iour s'eſcoullera en glaſſis aux commoditez des offices.

Plus enuiron quarante feneſtres baſtardes, que quarrees, tant pour le haut des pauillons, que pour les corps d'entre iceux.

Il y a enuiron trente huiſſeries.

Plus quinze cheminees.

Il n'y aura qu'vn eſtage, à plácher, auquel il faudra douze trauees & cinq poultres.

XXIIII.

Eſte place qui eſt vn parallelograme, eſt de quinze toiſes en largeur, ſur dix en profondeur, qui ſont cent cinquante toiſes en ſuperficie.

En icelle place eſt aſſis vn corps de logis ayant trois eſtages: vne grande partie du deſſus celuy des offices eſt en terrace, montant par perrons de l'vne à l'autre, comme il ſe void au deſſeing. Les deux autres eſtages ſont employez à membres neceſſaires pour la commodité du logis.

En premier lieu donc faut móter de la court, (dót ie ne fay métion) par degrez en demie circóference, en vne terrace éleuee du rez de terre de quelque quatre ou cinq pieds, ayát ſeulemét deux toiſes deux pieds de large, ſur la lógueur de ſept toiſes deux pieds. Aux deux coſtez d'icelle à dextre & ſeneſtre, faut monter huit ou neuf degrez, pour aller aux deux terraux estants sur les deux bouts, és costez desquels on entre par dessous des arcs à vne autre terrace éleuee au dessus de la premiere, & faisant face à laditte premiere d'vn mur éleué, ayant en iceluy trois fenestres bastardes, pour donner iour à vne grotte, estant prinse entre les offices & caues contenus au premier estage du rez de terre.

Icelle terrace est ioignant vne gallerie de cinq arceaux de face, & fermee par les deux bouts de deux autres arceaux, vn de chacun costé, pareils à ceux de la face de deuant. Sur le deuant d'icelle terrace est vn appuy de trois pieds de haut, se ioignant la terrace & la gallerie ensemble, & sont toutes deux d'vne mesme longueur : de sorte qu'on se peut pourmener à descouuert sur la terrace, ou bien à couuert en la gallerie, laquelle est au mesme niueau que laditte terrace.

Sur le derriere de la gallerie, est le corps de logis où sont les membres necessaires, comme l'escallier qui est au milieu, & qui a son entree principale par le milieu de la gallerie. Au costé dextre de l'escallier est la salle, de l'autre costé est la chambre, & garderobbe, auec les deux cabinets portez sur le deuát, comme est figuré, tant au plan qu'en l'éleuation.

Sus la gallerie susditte à arcades, qui est au deuant du grand corps de derriere à l'estage d'audessus, y a vne autre gallerie à croisees à niueau du troisiesme estage. D'iceluy grand corps, ou d'icelle gallerie, & pareillement des chambres dudit estage, on entre aux cabinets susdits.

Du rez de terre de la court, sous les deux terraces, y a deux passages, vn de chacun costé, tant pour aller aux offices estants sous le grand corps de logis, que sous la gallerie estant au deuant d'iceluy.

Au dessus du troisiesme estage des deux costez de l'escallier, sont deux belles places, dont l'vne peut seruir de garde-meuble, & l'autre d'vne armurerie.

Toute la maçonnerie de ce lieu ainsi desseigné, reuient à six cents trente toises.

Il y a en tout ce lieu sept cheminees, trois à chacun estage, qui sont six pour les deux estages éleuez sur les terraces, & vne à la cuisine des offices. Le reste de l'estage seruira à gardemanger & à caues, comme on le vouldra accommoder.

Il y a pour tout le carrelage des estages, neuf vingts dix toises.

La couuerture de tout le lieu, reuient à cent soixante toises.

Il y a quinze croisees.

Plus dix demies croisees.

Plus huit fenestres bastardes.

Quatre petites lucarnes.

Il y a dix trauees, auec six poultres pour le grand corps, sans les combles, auec les deux petites trauees aux deux saillies des deux costez, où sont comprins les cabinets, lesquels sont couuerts en petits dosmes. A l'entour d'iceux est vne petite gallerie de pied & demi de large, en forme d'appuy, laquelle regne pareillement au long de la gallerie, sur le deuant.

Au premier plancher de la gallerie, sera vne trauee de sa longueur, & au dernier estage d'au dessus ce sera vn comble.

Il y aura en tout le logis vingt & deux huisseries, ou enuiron.

XXV.

E desseing est en forme de parallelograme, de dixsept toises de largeur, sur sept & demie de profondeur, sans les saillies des quatre petits pauillons des angles, qui sont six vingts sept toises & demie en superficie.

Le grand corps a deux estages, & le galletas dessus. Les quatre petits pauillons ont chacun trois estages, & vn petit galletas dessus. Le premier plan seruira à offices & autres commoditez, pour ausquelles aller faudra descendre du rez de la

D

court, de trois ou quatre pieds, & môter du rez de terre par vn perron (figuré des deux coftez) cinq ou fix pieds pour aller à defcouuert au deuxiefme eftage, comme apparoift par le deuxiefme plan. Du premier eftage bas, lon montera pareillement à couuert au fecond par le grand efcallier.

Le premier eftage deffeigne vn paffage, ou allee pour paffer de la court au iardin, qui fera derriere le logis : & à cofté feneftre d'icelle allee, eft vne caue, à laquelle on va par vn paffage deffeigné fur le premier plan, eftants ladicte caue & allee fous la falle. Tout le refte font membres de commoditez, comme il apparoift par les plans.

Es quatre coings du grand corps, font quatre petits pauillons feruants de garderobbes, defquels on va par les deux coftez de l'vn à l'autre, par le moyen de deux petites allees ioignantes le grand corps. Au milieu de chacune d'icelles eft vn priué, comme les deffeings des plans le demonftrent.

L'vn des deffeings de ces éleuations monftre la face du deuant, refpondant à la court : l'autre éleuation au deffus, monftre la face du cofté.

Ie n'ay point fait de deffeing pour la baffe court & iardin à ce baftimét, par ce qu'és autres cy deuant i'en ay deffeigné de plufieurs fortes, defquelles on peut prendre & f'accommoder, felon que bon femblera.

Toute la maçonnerie de ce baftiment, à prendre vne toife de fondement fous l'eftage des offices, & à compter du pied du fondement iufques à l'entablement, fix toifes & demie : d'auantage vne toife d'éleuation aux petits pauillons, au deffus de l'entablement du grand corps, le tout reuient à fept cents foixante & dix toifes.

Le carrelage des trois eftages, reuient à trois cents quatre vingts dix toifes.

La couuerture, tant du grand corps que des quatre pauillons, reuient à deux cents foixante & fix toifes.

A chacun eftage y a quatorze trauees & cinq poultres, fans les petites des allees, & autant de trauees aux combles.

Il y aura pour tout le logis vingt & cinq cheminees.

Plus au deuxiefme eftage où eft la falle, y a vnze croifees, & fix demies.

Au premier eftage y a vnze feneftres baftardes doubles, auec fix fimples.

Plus douze lucarnes au galletas, auec fix petits iours.

Plus aux quatre petits pauillons y a feize demies croifees, & huit feneftres baftarces, auec huit petits ouals.

Faut pour tout le logis cinquante & cinq huifferies, ou enuiron.

XXVI.

E deffeing demonftre vn corps de logis de vingt toifes de longueur, fur quatre toifes & vn pied de profondeur, fans les faillies des deux pauillons des bouts, qui font quatre vingts trois toifes & vn tiers.

Ce baftiment fe peut fermer, tant par autres corps de baftiments appliquez és coftez, qu'auffi par cloftures de murailles (comme apparoift par les attentes) & rendre vne court fur le deuát. Toutefois i'ay fait en ce prefent liure quelques corps de baftiments, fans aucunes circonftances, pour autant que plufieurs perfonnes bien fouuent fe contentent d'vn corps, ne voulants faire d'auantage dans leur enclos : comme ici ils pourront veoir, & prendre ce que bon leur femblera.

Ce corps de logis a deux eftages, & fon galletas.

Le premier eftage eft au rez de terre de la court : & au milieu eft l'entree auec vn pallier, par lequel on monte trois degrez : & de là on va par le cofté dextre à vne cuifine, ayant fon gardemanger derriere l'efcallier. Outre la cuifine eft vn fournil garni de fes commoditez. De l'autre cofté de l'entree à feneftre, eft la falle, auec fon garde-nappe derriere ledit efcallier : plus vne chábre, garderobbe, & cabinet. Et aux deux bouts du logis fur la court, font deux petites montees des deux coftez, à chacune defquel-

les

les au derriere eſt vn priué: Le grand eſcallier eſt au droict de l'entree.

Le deuxieſme eſtage ſera accómodé de quatre chambres, chacune ſa garderobbe, & deux cabinets pour l'eſtage.

Le troiſieſme d'audeſſus, qui eſt le galletas, ſera accómodé de pareils membres que le deuxieſme eſtage d'audeſſous, ou bié on le fera ſeruir en greniers, & ſe paſſera on des cómoditez des deux premiers eſtages. Les deux pauillons eſtans ſur le derriere, excederont en hauteur le grand corps d'vn eſtage, pour donner monſtre & beauté à l'edifice.

Pour le regard des caues & celiers, il les faudra faire au deſſous du premier eſtage, & y deſcendre, tant par l'eſcallier, que par les montees, eſtans és deux coings ſur le coſté de la court.

Toute la maçonnerie du corps, (à prendre du pied du fondement, qui ſera ſous les caues & celiers, iuſques à l'entablement) ſept toiſes, & vne toiſe & demie d'eſleuation aux pauillons, au deſſus de l'entablement du grand corps, touts les refans & entre-deux comptez, lè tout reuient à cinq cents quatre vingts toiſes.

Le carrelage de trois eſtages du corps, & les quatre des deux pauillons des bouts, le tout reuient à deux cents quinze toiſes.

La couuerture, tant du grand corps, & des deux pauillons, que des deux petits doſmes qui ſont ſur les deux montees des deux bouts, le tout reuient à cent quatre vingts & dix toiſes.

Il y a à chacun eſtage ſix cheminees, qui ſont dixhuit pour les trois eſtages : ou faiſant greniers au lieu de galletas, ſeroient douze cheminees ſeulement.

Plus treize trauees à chacun eſtage, tant grandes que petites, & cinq poultres, qui ſerót vingt ſix trauees pour les deux eſtages, & dix poultres. Au galletas, ou greniers, y aura treize trauees en comble.

Plus à chacun eſtage vnze croiſees, qui ſont vingt & deux pour les deux eſtages, auec vingt & huit feneſtres, tant baſtardes que petites, pour tout le corps.

Pour tout le baſtiment trente huiſſeries.

XXVII.

E baſtiment conſiſte en vn lieu quarré de quarante & cinq toiſes ſur chacun coſté, qui ſeront en ſuperficie, deux mil vingt cinq toiſes, qui font vn arpent, trois quartiers, ſept perches & demie, ou enuiron : non comprins les ſaillies des petites galleries eſtants aux quatre coings.

Ceſte place eſt vne baſſe court fermee d'eauë & de foſſez : & au milieu d'icelle eſt le logis ſeigneurial, lequel contient en quarré douze toiſes de chacun coſté, ſans les ſaillies des petits pauillons des coings.

Iceluy logis eſt premierement éleué du rez de terre de la baſſe court, de trois toiſes, dans laquelle éleuation ſont comprins deux eſtages : le premier ſont caues & celiers, le ſecond ſont offices.

A l'entour d'icelle éleuation ſont ioints des baſtiments és quatre coſtez, eſquels ſont contenus les commoditez neceſſaires d'vne baſſe court : & ont iceux baſtiments deux eſtages, faiſans iceux eſtages les trois toiſes de hauteur ci deſſus : & au deſſus deſdittes trois toiſes, eſt vne terrace pauee, regnante ſur touts les baſtiments de la baſſe court, laquelle ſeruira de court entour les quatre coſtez du logis du Seigneur, lequel eſt éleué au rez de terre d'icelle terrace, ou court, de laquelle il peut aiſément contempler, non ſeulement ſa baſſe court, mais auſſi ſes foſſez & enuirons : & par ce moyen defendre fort commodément les aduenues de ſon logis. Le plan du baſtiment a ſur chacune face de ſon quarré, vingt deux toiſes de long, qui reuiennent à quatre cents quatre vingts quatre toiſes en ſuperficie.

Au premier plan, aſſauoir celuy de la baſſe court, ſont deſſeignees deux allees trauerſantes l'vne l'autre par le milieu, & ont icelles deux toiſes de large, & de long, le diametre de tout le corps: les bouts defquelles refpnodent fur le milieu de chacun des coftez de ce plan, qui eft l'endroit d'où elles font efclairees des quatre coftez. Par icelles allees on va à couuert, aux caues, celiers, & efcalliers, qui montent du rez de terre à touts les eftages, tant du logis de la baffe court, qu'à ceux du logis du Seigneur. Les iours des offices & caues, & d'iceux efcalliers, par bas font prins au deffous des croifees de l'eftage qui eft au deffus de la terrace, lefquels couleront en glacis aufdites caues & offices.

Au premier eftage du logis Seigneurial, font quatre places voultees : Les efcalliers fufdits font comprins en deux d'icelles, & peuuent iceux efcalliers feruir pour toutes les parties & eftages de ce corps : car par iceux peut on aller aux greniers & commoditez qui font au deuxiefme eftage de la baffe court: comme auffi en touts les membres du logis Seigneurial, eftant fur la terrace.

Les quatre places voultees (ci deffus) font feparees les vnes des autres par le moyen des allees qui fe trauerfent : & pourront icelles places, en leur premier eftage, feruir de caues, celiers, & buchers. Et au deuxiefme d'audeffus font les offices, aufquelles font comprifes touts les membres y neceffaires. Chacun d'iceux eftages eft voulté, qui feroit double voulte l'vne fur l'autre.

Les baftiments qui ioignent de touts coftez l'eftage des caues & offices, font appropriez à la baffe court, & n'ont en exaucemét que la mefme hauteur des offices, affauoir trois toifes. Ils ont pareillement deux eftages l'vn fur l'autre, excepté la grange, preffoir, & vinee, qui font comprins au derriere du logis, qui ont les trois toifes fufdittes pour leur hauteur, tellement que leur voulte doit fupporter la terrace d'audeffus. Le premier eftage d'icelle baffe court fera à plancher, & aura de hauteur dix pieds. Au deffus feront greniers voultez, qui regneront de tous coftez, fors au cofté de la grange & preffoir.

Au premier eftage de la baffe court, & fur le deuant y font les logis, tant pour le metayer, que pour furuenants, auec les efcuries & eftables. Les deux coftez à dextre & feneftre font pareillement accommodez d'autres eftages pour le beftail: toutesfois ce premier eftage eft fubjet à quelques pilliers par voyes, pour le fupport des faillies du logis du Seigneur.

Le logis du Seigneur eft éleué en forme de donjon, au deffus de la terrace, ayát feulement vn eftage quarré, & vn autre en galletas. Chacun de ces eftages confifte en vne falle, trois chambres, auec chacune fa garderobbe & cabinet, par le moyen des quatre petits pauillons, eftans aux quatre coings dudit logis. Au milieu d'iceluy eft vne allee pour defaffubjettir, tant la falle que les chambres: & à l'entree eft auffi vne allee feruant comme veftibule: & aux deux coftez d'icelle, deux efcalliers regnants de fond en comble. Tout le principal corps eft couuert fous vn feul comble, fur le fefte duquel eft vne petite terrace couuerte de plomb, auec vn petit dofme, feruant, tant d'amortiffement à ladite couuerture que d'vne guette, ou pour mettre vn horloge. Il y faudra monter par vne petite montee, gaignee au bout de l'efcallier.

La clofture de la court fe peut faire de pierre, fi bon femble, ou de terre, y faifant vne forte haye ou efpallier, ou bien vn parappel de terre, éleué de trois ou quatre pieds. Es quatre coings fe peut faire, fi on veut, quatre petits forts ronds, ou quarrés de pierre, dont l'vn pourra feruir de colombier: on pourra faire les autres moindres, qui feruiront à quelques cómoditez, & feront pour la defence du foffé. Ie ne mets en mon calcul le toifage de la maçonnerie des cloftures, ni des petites faillies eftants és coings. Il fe peut prattiquer en quelque coing de la baffe court vne mare pour le beftail.

La maffe de toute la largeur des baftiments de la baffe court, comprins les caues & offices, depuis le fondement iufques à la terrace, ou court du Seigneur, qui font les trois toifes d'éleuation du rez de terre de la baffe court, prenant vne toife de fondation, le tout reuient à neuf cents vingt toifes.

Les voultes, tant des allees du premier eſtage, & du deuxieſme, que celles de tout le contenu, le tout reuient à ſix cents cinquante toiſes.

Le corps de logis du Seigneur, ne reuient qu'à quatre cents quatre vingts toiſes de muraille, d'autant qu'il n'y a point de fondement à toiſer, ayant eſté toiſé au premier toiſage de la maſſe d'embas.

L'appuy regnant entour la terrace, ou court du Seigneur, ayant trois pieds de haut, reuient à trente & huit toiſes.

Le carrelage du logis du Seigneur, & des offices, reuient à trois cents toiſes.

Le carrelage des deux logis de la baſſe court, reuient à quarante toiſes.

La couuerture du logis du Seigneur, reuient à neuf vingts dix toiſes.

Pour le regard de la couuerture des baſtiments de la baſſe court, il n'y en a point, d'autant que le tout eſt couuert en terrace, qui eſt la court du logis du Seigneur.

En tout le logis du Seigneur, il y a vnze cheminees, & deux aux deux logis de la baſſe court, qui ſont treize.

Plus vnze croiſees au logis du Seigneur, auec vnze lucarnes pour le galletas.

Plus ſeize petites feneſtres aux quatre pauillons des coings.

Trente & ſix petites feneſtres, tant au premier eſtage du rez de terre, que des greniers, ſans les feneſtres d'audeſſous les croiſees du logis du Seigneur, pour laiſſer tomber le iour en glacis aux offices & caues.

Plus cinquante & ſix huiſſeries, grandes que petites, tant pour tout le logis du Seigneur, que pour la baſſe court.

Plus dix grandes trauees pour le logis du Seigneur, auec les quatre des pauillons, & autant en comble.

Plus douze trauees pour les logis de la baſſe court, & pour les eſtables du beſtail, ſans les eſcuries que ie ne compte point, d'autant qu'à toutes eſcuries qui ne ſeroient voultees, ſeroit beſoing y mettre ſoliues de dix à douze poulces, & les mettre à trois pieds prez l'vne de l'autre, & voulter les entredeux de brique, en maniere d'vn petit arc courbé, pource que communément les eſtables à cheuaux ſont ſubjettes au feu: Toutesfois en cet edifice, l'eſtage au deſſus des eſcuries eſt voulté.

XXVIII.

CESTE place en paralelograme, a vingt & huit toiſes de largeur, & douze & demie en profondeur, qui font trois cents cinquante toiſes en ſuperficie, qui valent vn tiers d'arpent, deux cordes moings, ou enuiron.

Le baſtiment eſt vne maſſe compoſee de trois corps, l'vn au milieu, & les deux autres en forme de deux gros pauillons, qui ferment iceluy.

Le premier eſtage eſt celuy des offices, lequel eſt moytié dans terre, & moytié dehors : au moyen dequoy il faut monter quelques degrez à l'eſtage d'audeſſus celuy des offices.

L'eſtage des offices eſt deſſeigné par le premier plan, comme apparoiſt par le deſſeing des voultes.

L'eſtage éleué audeſſus, eſt pareillement deſſeigné au ſecond plan. Au corps du milieu, eſt la ſalle, auec deux garderobbes, & deux eſcalliers.

Le ſecond eſtage de ce corps eſt en galletas, accommodé de pareils membres, qui ſont en forme de pauillons.

Les deux autres corps ioignants, l'vn à dextre, l'autre à ſeneſtre, ſont éleuez vn chacun de deux eſtages iuſques à l'entablement. Au deſſus eſt vn troiſieſme eſtage couuert en doſme, ayant à la ſcime vne petite tube, ou lanterne de ſix à ſept pieds, couuerte pareillement en doſme, ſelon l'ordre du grand: & d'icelle lanterne tombe le iour, & deſcend en l'eſtage. Chacun deſdits pauillons eſt couuert en deux doſmes, qui ſont quatre pour iceux deux pauillons: le dedans deſquels doſmes ſeruira de garde-meubles, & grands cabinets, soit d'armes ou de peintures.

Iceux corps sont accommodez de membres, comme apparoist sur le plan, assauoir chacun d'iceux corps de deux chambres, garnies de leurs garderobbes, saillans sur la terrace, outre le corps du milieu. Entre icelles chambres, est vne allee venant de la salle, separát lesdittes deux chambres les vnes des autres: Laquelle allee, au premier estage se vient rendre aussi sur la terrace regnant en tout le logis. Et au deuxiesme estage a vn appuy, ou fenestre, ayant iour sur ladite terrace.

La closture de la terrace, entre le logis & le fossé, ayant trois toises d'éleuation, depuis le fondement iusques au cordon, reuient à trois cents toises.

L'appuy, ou parappel de trois pieds de haut, auec les quatre petits forts, reuient à soixante & quinze toises.

La maçonnerie de tout le bastiment, reuient à neuf cents soixante & dix toises.

Les voultes des offices & caues, reuiennent à six vingts dix toises.

Le carrelage de touts les estages, reuient à deux cents soixante toises.

Il y a en tout le logis vingt & vne croisee, & cinq lucarnes au galletas du corps du milieu.

Plus vingt & huit petites fenestres bastardes, tant pour les escalliers, que pour les quatre petits pauillons estants outre le corps.

Plus treize fenestres bastardes en glacis, estants au dessous des croisees du premier estage du rez de la terrace, pour donner iour aux offices.

Il y a dixneuf trauees à tous les estages, auec dix poultres, sans les petites trauees des petits pauillons, auec les combles du galletas du corps du milieu, & les quatre combles en dosme, & dix autres petits, assauoir les quatre des quatre petits pauillons, puis les deux des montees, & les quatre des quatre tubes de dessus les dosmes.

Sans les quatre, qui sont aux quatre petits fors, lesquels se doiuent couurir de pierre de taille à ioings couuers, ou bien de bonne brique, s'amortissant sur la voulte de degré en degré, si on ne les veut faire de charpenterie, & la couuerture dessus.

Il y a douze cheminees pour touts estages, si ne voulez en faire de petites aux petits cabinets, desquels ie ne feray calcul en ce present compte.

Il y a en touts les estages cinquante huisseries, tant grandes que petites.

Le dixneufiesme bastiment cy deuant declaré, reuient à mesme ordonnance que cestuy: toutefois vous y trouuerez des changements differents, pour donner à cognoistre qu'à vn desseing de bastiment, encores qu'il soit arresté, on y peut changer, tant aux commoditez qu'en la couuerture & symmetrie.

XXIX.

CE bastiment est vne masse de logis, lequel contient douze toises & demie sur cinq deux pieds de large, non compté la saillie du perron sur le deuant.

Ce logis n'a que deux estages, & son galletas dessus.

Au premier estage, on passe par dessous le perron, par vne allee pour aller à vne petite terrace, de laquelle on descend pour aller au iardin. Es deux costez de l'allee sont deux places, lesquelles seruiront de caues ou celiers.

De l'entree venant à l'allee susditte, au costé dextre est vne cuisine, son gardemanger, & montee pour le bastiment. De l'autre costé senestre, est vn fournil, auec vne petite place pour les farines.

Il faut monter au deuxiesme estage par le perron à descouuert, ou bien par la montee à couuert: Lequel estage est accommodé d'vne salle, auec son serre-nappe, deux chambres, & deux garderobbes, auec deux petits cabinets posez sur deux trompes, estants aux angles par le dehors.

Le troisiesme estage se pourra faire en galletas, & accommoder de pareils membres que le deuxiesme: Autrement faudra separer la salle en deux, & en faire chambres,

bres, ou bien f'en feruir de grenier.

La maçonnerie de tout ce baftiment, prenant vne toife de fondation plus bas que le rez de terre, & dû rez de terre iufques au deffus de l'entablement, reuient à trois cents quatre vingts toifes.

Le carrelage des deux eftages, de la cuifine, & du fournil, reuient à quatre vingts quinze toifes.

La couuerture, reuient à cent cinq toifes.

Il y a huit cheminees pour les trois eftages ; mais faifant feruir le galletas de grenier, il n'en faudra que cinq.

Plus fept croifees & quatre demies, & huit feneftres baftardes.

Plus vnze lucarnes, affauoir cinq grandes, & le refte petites.

Plus vingt & quatre trauees, tant grandes que petites, & dix poultres.

Plus neuf trauees en comble.

Plus vingt & trois huifferies.

XXX.

ESTE place eft vn quarré de vingt & quatre toifes fur chacun cofté, qui font cinq cents foixante & feize toifes en fuperficie, qui eft demi arpent de terre, vne corde & demie, ou enuiron. Es quatre angles d'icelle place, font quatre rauelins aiguts, auec leurs courtines : le tout fe fera de pierre en tallut dans les foffez.

Dans cefte place, eft affis le baftiment de dixhuit toifes fur chacune face en fon quarré, non comprins les douze faillies des petites garderobbes & cabinets, faillants outre le corps d'vne toife, ou enuiron.

Ce baftiment eft compofé de quatre corps de logis fermants la court, à l'entour de laquelle eft vne gallerie de neuf pieds de large. Aux quatre angles d'icelle font quatre montees, dont d'vn chacun cofté d'icelles, eft vne petite place feruant de commodité pour les membres des eftages : ce qui fait rendre par le moyen d'icelles places & montees, la gallerie & la court, oualles : laquelle court a fur fa largeur huit toifes deux pieds moins : & de profondeur, cinq toifes deux pieds.

Les modernes ne fuiuent gueres ces manieres d'ordonnances, dont i'en ay fait de quatre ou cinq fortes en ce prefent volume : d'autant qu'ils trouueront eftrange cefte façon de dreffer ainfi les baftiments, pour ne l'auoir accouftumé, n'eftant la maniere d'auiourdhuy : Ce neantmoins les antiques eftoient fort accouftumez d'en vfer, mefmement en leurs plus fomptueux edifices, comme il appert par les veftiges & ruines qui font demeurees, & que lon void encore auiourdhuy.

Les corps de ce baftiment ont deux eftages, & leur galletas deffus, & les douze faillies, trois, eftants couuertes en dofmes, comme il appert par le deffeing de l'éleuation.

Pour le regard de l'ordre des commoditez, ie n'en ay fait qu'vn plan, par lequel vous en pouuez feruir en touts eftages, changeant feulement le grand corps de derriere, duquel en fon premier eftage (fi bon vous femble) f'en peut faire vne gallerie voultee à arcades, tant fur le derriere qu'és deux coftez : & le deffus en fon fecond eftage, en faire comme elle eft deffeignee fur le plan, pour feruir de falle & gallerie. Le deffus qui eft le galletas fe diuifera en membres, par le moyen de quelques cloifons.

Sur l'entree de deuant, eft vne petite place ronde regnante à touts les eftages, au fecond eftage de laquelle eft vn rond ouuert, & vne petite gallerie de trois pieds de large, qui le circuit par deffus les appuis, de laquelle on regarde par bas les entrâts & fortants, ayât à l'entour d'iceluy rond vn petit appuy, ou gardefort de trois pieds de haut.

Iceluy rond a neuf pieds de diametre, & regnera pareillement au troifiefme eftage, fur lequel eft porté vn dofme regnant fur pillaftres, dont le iour defcend au trauers d'iceux au deffous, & és petites galleries. Tout le refte verrez par les deffeings du plan, & de l'éleuation.

Pour le regard des offices, ie n'en ay point fait de mention, d'autant qu'au premier eftage du rez de terre, il fe pourra trouuer du lieu affez pour cuifines, & autres offices: Il eft vray, que qui voudroit faire fous le grand corps de derriere vne voulte de fa longueur, là fe trouueroit lieux & places de plufieurs commoditez d'offices, & dont les defcentes fe prendroient és montees prochaines d'icelles.

Lefquelles montees ont chacune de largeur neuf pieds de diametre dans œuure, le noyau au milieu, chacune marche quatre pieds de long feulement: & du rez de terre lon defcendroit és offices: & de l'autre cofté on monteroit és eftages d'enhaut : toutefois ie n'ay fait nulle mention au calcul de l'eftage des offices.

Les quatre rauelins & courtines, à prendre trois toifes du fond iufques au deffus du parappel, reuiennent à trois cents quarante toifes de mur, portant tallut.

Tout le baftiment, affauoir les quatre corps ayants vne toife de fondation, reuiennent à quatorze cents trente toifes.

Il y a cinquante croifees aux deux eftages.

Plus quarante & huit feneftres baftardes.

Il y a à l'eftage du galletas, tant dedans la court que dehors, trente & deux lucarnes.

Plus vingt & fept cheminees, tant aux deux eftages qu'au galletas.

Plus cinquante & quatre trauees, & vingt & huit poultres, auec trente & fix petites trauees, qui ne font que de fept à huit pieds de large pour tout le corps: non comprins les combles des pauillons, aufquels y a autant de trauees qu'à chacun eftage.

Plus cent trente huifferies pour tous les eftages.

Le carrelage des trois eftages, auec la gallerie d'autour la court, ayant fes deux eftages, le tout reuient à cinq cents trente toifes.

Plus en couuerture quatre cents vingt toifes.

Plus quarante & huit petites feneftres aux faillies.

XXXI.

CE deffeing demonftre vne place en forme de parallelograme, enclofe de trois coftez d'eaüe, ayant de largeur cent douze toifes, fur la profondeur de trente & cinq, qui font trois mil neuf cents vingt toifes en fuperficie, qui valent trois arpents & demi, deux perches & demie de terre, ou enuiron: non comprins les faillies des corps des baftiments.

Cefte place eft ordónee en trois parties, affauoir la maifon du Seigneur, laquelle eft au milieu, auec tous fes departements. A dextre eft le parterre, ou iardin, accompagné de ce qui y eft neceffaire: puis à feneftre eft la baffe court, auec les cómoditez requifes.

A l'entree du logis du Seigneur eft le pont-leuis, accompagné de deux petites tours feruantes de defenfe: d'iceluy pont on vient à vne allee, ou gallerie de quatre toifes de largeur, par le milieu de laquelle eft l'entree de la court du Seigneur. Aux deux bouts d'icelle font comme deux corps de pauillons : & au deffous des places vagues fort neceffaires en vne maifon, pour retirer coches, littieres, chariots, & charrettes. De laditte allee, ou gallerie par deffous ces pauillons, à main feneftre, on va à la baffe court : & au contraire d'icelle, à dextre, on va au iardin.

La court du Seigneur a tréte toifes de large, fur vingt & quatre de profondeur, fermee de baftiméts de trois coftez. Les deux coftez à dextre & feneftre, font deux gráds corps de logis éleuez feulement d'vn eftage du rez de la court, & leur galletas deffus: & en iceux au premier eftage, fe peuuent prendre touts membres neceffaires à offices: & à l'eftage de deffus qui eft en galletas, touts membres manables. L'autre baftiment, qui eft fur le derriere en face de la court, eft vne gallerie à arcades, & voultee: & au deffus vne terrace. Aux deux bouts d'icelle font deux grands pauillons de douze toifes de long dans œuure, éleuez de deux eftages, & le galletas deffus : aufquels pauillons fe viennent ioindre & fermer les corps des deux baftiments fufdits. Vn chacun d'iceux

pauil-

pauillons eſt garni d'vn eſcallier & membres neceſſaires pour vn tel lieu, comme le demonſtre & repreſente, tant le plan que l'éleuation.

La baſſe court a trente toiſes de largeur, ſur vingt & ſix de profondeur, fermee de tous coſtez de baſtiments.

En premier lieu, du coſté feneſtre de l'entree ſont eſtables, tant pour bœufs, vaches, brebis, qu'autre beſtail. A l'oppoſite eſt vn petit jeu de paulme, aux deux bouts duquel ſont deux petits logis, ayants chacun ſa chambre & ſon grenier deſſus. Du coſté dextre ioignant la petite maiſon, tenant au grand pauillon, eſt vne petite court. De l'autre coſté feneſtre, eſt vne eſcurie double pour deux rangs de cheuaux: & aux bouts d'icelle eſt vne place pour retirer les ſelles & harnois: ou qui voudra, en mettre vne partie en eſcurie. Le coſté feneſtre de l'entree d'icelle baſſe court, eſt fermee d'vn des corps de logis de la court du Seigneur. L'autre coſté oppoſite, eſt clos & fermé d'vne grande grange, ayant aux deux coſtez d'icelle deux petites courts, auec le logis du metayer. Ioignant le coing, eſt vn pont pour l'iſſue de la baſſe court, au milieu de laquelle eſt le colombier.

De l'autre coſté eſt le iardin de vingt & quatre toiſes de large, ſur vingt & huit de profondeur, ayant aux deux coings d'iceluy (non du coſté du logis du Seigneur) deux pauillons, l'vn ſeruant de commoditez, tant au premier qu'au ſecond eſtage: à l'autre ſe pourra prattiquer & faire au premier eſtage quelque petite grotte: au deſſus, quelque petite commodité, moyennant vne petite montee qu'il y faudra prattiquer. En ce iardin, ſur le coſté de l'entree du logis Seigneurial, au premier eſtage, eſt vne gallerie à pillaſtres terracee au deſſus. Au coſté oppoſite d'icelle, ſont trois rangs d'arbres faiſans allees entredeux, chacune d'vne toiſe de large: par les deſſeings vous pourrez veoir le contenu de ceſte declaration.

Toute la maçonnerie des talluts & ſaillies des quatre coſtez, côptant depuis le pied du fondement iuſques au cordon cinq toiſes, reuient à quinze cents cinquâte toiſes.

Toute la maçonnerie de ce lieu, tant du logis ſeigneurial que de la baſſe court & cloſture du iardin, reuient en tout à deux mil ſoixante toiſes.

Le carrelage de tous les eſtages du logis du Seigneur, reuient à ſix cents toiſes.

La carrelage des logis de la baſſe court, & du jeu de paume, reuiét à ſix vingts toiſes.

La couuerture de touts les corps du logis ſeigneurial, reuient à ſix cents toiſes.

La couuerture de touts les membres de la baſſe court, reuient à trois cents ſoixante toiſes.

A chacun eſtage du corps de logis du Seigneur y a quatorze cheminees, qui ſont pour les deux eſtages & galletas, quarante & deux.

Plus pour les logis de la baſſe court, trois cheminees.

A chacun eſtage y a trente & deux trauees, & ſeize poultres, qui ſont ſoixante & quatre trauees, & trente & deux poultres, pour les deux eſtages.

Plus les combles du galletas.

Plus à la baſſe court, huit trauees & quatre poultres, ſans les petites des eſtables, & combles de tout le contenu.

Plus au logis du Seigneur, cent croiſees.

Plus audit logis, cinquante & deux lucarnes.

A la baſſe court, ſeize feneſtres, tant grâdes que petites, auec neuf petites lucarnes.

Il faut quatre vingts dixhuit, tât pour le logis du Seigneur, que pour la baſſe court.

X X X I I.

ESTE place eſt vn parallelograme, ou quadrangle de vingt & huit toiſes en largeur, & vingt en profondeur, qui ſont cinq cents ſoixante toiſes en ſuperficie, qui valent demi arpent, demie corde de terre, ou enuiron, ayant à chacun coing de la place vn rauelin pour defenſe, auec l'entree au milieu de la cour-

Liure d'architecture

Le baſtiment y deſſeigné, eſt en pareille forme de quadrágle, lequel contient vingt & quatre toiſes de longueur ſur la profondeur de quinze toiſes quatre pieds. Le reſte ſert à vne terrace regnant à l'entour du logis, laquelle a deux toiſes de largeur.

Cet edifice conſiſte en quatre pauillons ſeparez l'vn de l'autre, ayáts chacun de longueur neuf toiſes, ſur cinq toiſes deux pieds de largeur. Entre iceux eſt la court, d'vne ordonnance de quatre demies circonferences fermants icelle court, qui eſt de ſix toiſes en quarré, ſans les renfondrements deſdittes circonferences.

Les pauillons ſont éleuez de trois eſtages, & leur galletas deſſus. Le premier eſtage par bas, eſt accommodé de touts membres neceſſaires, pour ſeruir à offices & caues: & y faudra deſcendre du rez de terre de quatre à cinq pieds. Au contraire d'iceluy rez de terre, faudra móter de quatre à cinq pieds au deuxieſme eſtage, lequel ſeruira de commoditez manables : comme auſſi fera le troiſieſme de tous les quatre pauillons.

Quant au quatrieſme eſtage d'iceux pauillons, lequel i'ay deſſeigné en galletas: i'enten le laiſſer ſans aucun refan, ne cloiſon, n'y pretendant faire aucun logement, par ce que ces quatre places ſeruiront de garde-meubles, d'armurerie, & cabinets de peintures, & autres telles choſes.

Ces quatre pauillons ſont fermez par deuant & derriere d'vn fort mur, & des deux coſtez à dextre & à ſeneſtre de deux petits corps de logis, ayants vn chacun vñ eſtage ſeulement, aſſis ſur les offices, & vne terrace deſſus. Iceluy eſtage ſera comme vne gallerie fermee pour aller à couuert de pauillon à autre, & à deſcouuert par la terrace d'audeſſus. Chacun d'iceux pauillons eſt accommodé d'vn eſcallier, auec ſes membres deſſeignez ſur le plan.

Les quatre eſcalliers ſont éleuez plus haut que l'entablement des pauillons, pour le ſeruice du dernier eſtage, qui eſt en galletas. Icelles montees ſeront couuertes en maniere de petits doſmes quarrez : & au deſſus quelques petites tubes, ou lanternes pour deſcouurir de toutes parts.

Les priuez ſe pourront prendre dedans l'épeſſeur des groſſes murailles, eſtants és coings des circonferences, comme ie les y marque par pertuits quarrez, leſquels s'eſcouleront par tuyaux, qui deſcendront dans le tallut où l'eaüe ira reſpondre: & faudra prattiquer des petits paſſages pour y aller de l'eſcallier.

I'ay fait en ce deſſeing trois éleuations, deux geometralement, & la troiſieſme en perſpectiue ſur la veüe du coſté, auec l'éleuation du portail. L'vn des deux deſſeings geometraux eſt de la face du deuant, l'autre eſt de la face de la ſeparation du milieu, auquel eſt figuree la moitié de la court.

Toute la maçonnerie, comprins le retour des rauelins, ſans leur éleuation, que ie laiſſe à volonté, & dont ie n'ay fait calcul, pareillement du rehauſſement du parappel, & des courtines, leſquelles ie reduits ſeulement à trois toiſes & demie de fondement iuſques au cordon, & auſſi le fort de l'entree, le tout reuient à cinq cents toiſes.

Toute la maçonnerie, tant des quatre pauillons que de tout le contenu du principal corps de logis, reuient à treize cents cinquante toiſes.

Le carrelage de touts les eſtages du logis, reuient à trois cents quatre vingts toiſes.

Les voultes de tout le premier eſtage d'embas, reuiénent à cét quatre vingts toiſes.

La couuerture des quatre pauillons, auec celle des quatre eſcalliers, reuient à trois cents trente toiſes.

Les voultes des deux terraces, eſtants aux deux coſtez, entre les pauillons, reuiennent à ſoixante toiſes.

La moitié du premier eſtage dedié à offices, lequel il faudra pauer, reuiendra à ſoixante toiſes.

L'autre moitié dudit eſtage ce ſeront caues.

Il y a dixhuit cheminees : premierement deux à l'eſtage des offices, & ſix à chacun eſtages de deſſus icelles, qui ſeront douze, & vne à chacun dernier eſtage des quatre

Il y a trente & quatre feneſtres en maniere de croiſees au deuxieſme & troiſieſme eſtage, huit grandes lucarnes larges pour donner iour és galletas : plus ſeize feneſtres communes pour les quatre eſcalliers.

Au deuxieſme eſtage y a dixhuit trauees, & ſix poultres, au troiſieſme ſeize trauees, & ſix poultres, & les combles deſſus.

En tout le logis y a ſoixante & dix huiſſeries.

XXXIII.

E lieu eſt comprins dans vn quarré parallelograme, de trente & quatre toi-ſes de largeur, & vingt de profondeur, qui ſont ſix cents quatre vingts toiſes en ſuperficie, qui valent demi arpent, demi quartier de terre, quelque per-che moins, ou enuiron : non comprins les ſaillies des quatre petits forts, eſtans és quatre angles. Dans la cloſture de ce lieu eſt la baſſe court, & ſes commoditez, auec le logis ſeigneurial.

Premierement, l'entree eſt au milieu de l'vne des courtines, de laquelle on va à la baſſe court, qui a dixhuit toiſes & demie de profondeur, ſur ſeize & demie de largeur. Sur le coſté feneſtre de l'entree, eſt le logis ſeigneurial : & du coſté dextre ſont les com-moditez de la baſſe court, comme eſtables, grange, greniers : & le tout enſemble n'eſt qu'vn corps compoſé de toutes ces choſes. A ſçauoir ſur le milieu au rez de terre eſt l'aire de la grange, & à dextre & feneſtre d'icelle, ſont de chacun coſté trois eſtables, dont y en a deux de l'vn des coſtez de deux toiſes deux pieds de large, ſur ſix toiſes de profondeur : & celle du milieu, de deux toiſes ſur la meſme profondeur. A l'autre coſté pareil, icelles eſtables ſont voultees à ſept ou huit pieds de haut, au deſſus deſquelles eſt l'aire de la grange, contenant tout le deſſus d'icelles. Du rez de l'aire, qui eſt au rez de terre (où on bat le bled) ſe monteront les gerbes pour les aſſeoir au deſſus du rez des voultes ſuſdittes.

Chacune eſtable eſt ſeparee par murs ou refans, dont les vnes ſeruiront à eſcuries, les autres pour bœufs, moutons, vaches, & autre beſtail, ſelon qu'on verra pour le meilleur. Trois toiſes, ou enuiron au deſſus du rez de la grange, qui eſt ſur les voultes deſdittes eſtables, ſeront pareillement voultes quarrees chacune de treize à quatorze pieds de large, portees & ſouſtenuës par pillaſtres quarrez, qui ſeront aſſis ſur les mu-railles, faiſants les ſeparations des eſtables ſuſdittes : & tout le vuide du dedans ſeruira de grange, laquelle ſera couuerte d'icelles petites voultes. Au deſſus d'icelles ſera vn grand grenier de la longueur & largeur de laditte grange, lequel ſera couuert de ſept petits combles ſuyuant l'ordre des entredeux des murailles, & ſeront iceux combles portez ſur les pilliers, eſtants à la grange, leſquels regneront iuſques aux dits combles.

Sur le deuant de l'entree de la grange ſont deux pillaſtres en ſaillie, ſur leſquels, & pareillement auſſi ſur les deux premiers murs de l'aire, ſe porte le colombier, comme apparoiſt, tant ſur l'vn des plans, que par les deſſeings des éleuations de la face de la grange.

Es deux angles de la court, ioignant le grand corps, ſont deux montees pour aller aux greniers : à chacune d'icelles par bas eſt vn priué.

A l'autre coſté oppoſite de la court, qui eſt ſur le coſté feneſtre de l'entree, eſt le lo-gis ſeigneurial, lequel eſt compoſé de trois corps de logis. Le principal d'entre iceux corps, qui eſt au milieu, a quatre eſtages : le premier ſert de caues : le ſecond d'vne gal-lerie voultee à arcades : le troiſieſme d'vne ſalle & ſes commoditez : le quatrieſme eſt vn galletas pour ſeruir de greniers, ou autres commoditez.

Les deux autres corps eſtants à dextre & à feneſtre, ont autant d'eſtages que le grand corps : le premier ſeruira à offices : le ſecond & troiſieſme ſeront membres logeables : le quatrieſme en galletas.

Du rez de terre de la court faut entrer en vne porte, de laquelle on deſcend deux ou trois pieds pour aller aux caues & offices. Au contraire d'iceluy rez de terre, faut monter par deux coſtez ſix ou ſept pieds par vn perron, pour venir à la terrace, qui eſt entre les deux corps de logis & celuy du milieu, de laquelle terrace on va à la gallerie voultee, & aux membres des deux corps. L'eſtage des offices ſera voultee auec la gallerie : tout le reſte ſeront planchers : dans les corps y a deux eſcalliers pour la commodité des eſtages.

Sur l'entree de la court ſont deux pillaſtres quarrés, ſur leſquels, & auſſi ſur la muraille & cloſture du lieu, ſera aſſis vne petite chambre couuerte en pauillon : pareillement ſur la profondeur de la court, & à la ligne reſpondante à l'entree, ſont deux autres pareils pillaſtres egaux, ſur leſquels, & ſur la muraille de la cloſture, ſera pareille chambre que ſur le deuant, eſquelles deux petites places on ira par deux petites galleries reſpondantes és deux corps de logis, eſtants à dextre & ſeneſtre de la terrace. A chacune d'icelles petites galleries, eſt vne petite montee pour leurs commoditez : au deſſous on pourra retirer à couuert coches & littieres.

Ceſte maniere de baſtir eſt propre pour ceux qui ſe veulent loger menageremét, & auoir tát leur logis que la baſſe court encloſe & fermee en vn, à ce qu'ils puiſſent veoir ſans grande peine tout ce qui ſe fait chez eux. Suyuant ce ſubjet, ſe pourra faire & inuenter autres baſtiments plus riches, ou plus ſimples (ſelon le deſir de dépendre) pour retirer le tout en peu de lieu.

La maçonnerie, tant des courtines que des petits forts, à prédre deux toiſes de fondation iuſques au deſſus du cordon, reuient à deux cents quinze toiſes.

La maçonnerie de la baſſe court, tant de la grange, colombier, eſtables, que les voultes, auec l'éleuation de la cloſture au deſſus du cordon, laquelle eſt de trois toiſes de haut, regnát tant ſur la face de l'entree que meſmement ſur le derriere : comprenant auſſi en ce calcul les petites Chambres, deſquelles il y en a vne ſur le portail, & l'autre qui eſt à l'oppoſite, ioignant la cloſture de derriere : le tout ci deſſus enſemble, reuient à huit cents quatre vings toiſes.

Le logis ſeigneurial, à prendre l'éleuation d'audeſſus le cordon, iuſques au deſſus de l'entablement de ſept toiſes de haut, regnant aux entours les pans des corps, tant dehors que dedans, qu'auſſi les refans, & voultes, & petits murs d'appui, que l'exaucement des quatre demies circonferences eſtants aux corps des coſtez, le tout reuient à neuf cents quatre vingts toiſes de maçonnerie.

Le carrelage de touts les planchers, tant du logis du Seigneur, que des deux petites chambres, eſtáts ſur le portail, & ſur le derriere, reuient le tout à deux cés vingt toiſes.

Le paué des offices, auec celuy de la terrace d'entre les deux corps des deux coſtez, reuient à quatre vingts toiſes.

La couuerture, tant des trois corps (dont les deux des deux coſtez ſont couuerts en demies circonferences, & le corps du milieu en pauillon) que de tout le reſte des baſtiments du pourpris (excepté le colombier, & la grange, & les petites montees qui la ioignent,) le tout reuient à deux cents ſoixante toiſes.

La couuerture de la grange, eſtant en petits combles, enſemble le colombier, & les petites montees ſuſdittes, reuient le tout à deux cens dix toiſes.

Le carrelage du grenier au deſſus de la grange, reuient à cent cinq toiſes.

Il y a pour touts les trois eſtages, & pour les offices, vingt cinq cheminees.

Ne faiſant point de croiſees à la gallerie ſur le coſté du foſſé (encor que ie les aye marquez ſur le plan, & non à l'éleuation) il y a trente cinq croiſees, auec trente & quatre petites feneſtres.

Plus quatorze lucarnes, & deux oualles.

Plus trente & huit trauees, & quatorze poultres pour les deux eſtages, & dixhuit reuenant en combles.

Plus ſoixante huiſſeries grandes que petites, tant pour le logis du Seigneur que pour le corps de la grange.   Touchant

Touchant des petites feneſtres, & iours du corps de la grange, ie n'en fay point de calcul, d'autant que cela ſe comptera parmy le toiſage.

XXXIIII.

 E baſtiment conſiſte en vne place, ayāt quarante & deux toiſes de largeur, & trente & vne de profondeur, qui ſont en nombre treize cents deux toiſes en ſuperficie, qui reuiennent à vn arpent, demy quartier, cinq perches, vn peu moins.

Et doit eſtre ce baſtiment garny par bas de ſon eſtage d'offices, auquel y faudra deſcendre par les eſcalliers, qui ont leurs aduenues par des perrons en forme de demie circonference, par leſquels il faudra monter au premier eſtage au deſſus celuy des offices.

Ce corps de logis eſt accompagné de ſix gros pauillons, quatre deſquels ſont aſſis aux quatre coings d'iceluy : l'vn des deux autres ſert d'entree & portique au logis : & l'autre eſt vis à vis iceluy, ſeruant d'iſſue pour aller au iardin. Les corps de logis ſont ioignants & contigus entre touts ces ſix pauillons. Le principal d'iceux corps eſt à main ſeneſtre en entrant, ayant au premier eſtage, qui eſt au rez de la court, vne gallerie regnante d'vn pauillon à autre. Et au corps de logis, à main dextre, eſt ſeulement vne gallerie regnante : pareillement toute la diſtance d'entre les deux pauillons des coings.

Es deux autres corps, aſſauoir celuy de deuant & celuy de derriere ſur la court, y ſont pareillement comprins deux autres petites galleries, chacune de trois arcs ſeulement, de la meſme ſymmetrie & ordonnance que les deux precedentes : de ſorte que du milieu & centre de la court, lon void les quatre coſtez ſemblables les vns aux autres, comme pouuez cognoiſtre par le deſſeing du premier plan.

Le ſecond plan qui repreſente le deuxieſme eſtage, n'eſt en aucuns endroits tout ſemblable au premier, parce que deſſus le corps du coſté ſeneſtre, eſt vne ſalle en berceau, d'vnze toiſes de longueur, & cinq de largeur : ayant d'vn coſté vn grand eſcallier, & de l'autre vne antichambre, de laquelle on va aux commoditez, comprinſes dans le pauillon prochain.

Le coſté oppoſite, eſt vne gallerie en galletas.

Les pauillons ſe ſuiuét de commoditez pareilles à celles du premier eſtage : mais le corps de deuant, & celuy de derriere en leurs ſeconds eſtages, ſont en partie terracés : principalement à celuy de deuant y en a quatre, & à celuy de derriere deux petites, auec leur appuy, le tout deſſeigné ſur le plan.

Les trois pauillons du deuant ſont de deux eſtages, & leur galletas deſſus, les terraces entre iceux, ſont au deſſus du premier eſtage des deux corps, à dextre & à ſeneſtre.

Les trois pauillons du grand corps de derriere, ſont de trois eſtages & le galletas au deſſus. Les corps entre iceux, tant à dextre qu'à ſeneſtre, de deux eſtages ſeulement : puis le galletas deſſus. La petite terrace eſt aſſiſe au deſſus du premier eſtage du pauillon du milieu.

Toute la maçonnerie de ce baſtiment, reuient à trois mil trois cents toiſes.

Toutes les voultes de l'eſtage des offices & caues, reuiennét à ſix cēts ſoixáte toiſes.

Les voultes des quatre galleries de la court, reuiennent à cent cinquante toiſes.

Tout le carrelage de touts les eſtages, reuient à treize cents toiſes.

Toute la couuerture de touts les corps & pauillons, reuient à huit cents quatre vingts toiſes.

En touts les eſtages du logis, y aura ſoixante & quatorze cheminees.

Plus cent dixhuit croiſees, & douze feneſtres baſtardes.

Plus ſoixante & deux lucarnes, & douze petites.

Plus ſix vingts trauees, tant grandes que petites, & ſoixante & quatre poultres : puis touts les combles.

Plus huit vingts dix huisseries, pour tous les estages du logis.

XXXIIII.

E bastiment n'est de gueres dissemblable au precedent, & est cõprins dans vn quaré, qui est quelque peu imparfait, parce que d'vn costé sur la largeur d'vn bout de pauillon à autre, y a quarante & trois toises, & sur sa profondeur quarante, qui font dixsept cents vingt toises de superficie, reuenants à vn arpent & demy, cinq perches de terre, vn peu moins.

L'edifice est composé de quatre corps de logis, enrichy de six pauillons, quatre aux quatre coings, vn sur le milieu du corps de deuant, qui est l'entree, ou portail: l'autre sur le milieu du corps de derriere. La court a vingt & quatre toises & demie de largeur, & vingt & quatre en profondeur, n'estant ce bastiment de petite entreprinse: car outre ce que demonstre le desseing, il faut entendre y auoir encor vn estage dans terre, qui seruira pour les offices, caues, & celiers: ausquels du rez de terre faudra descédre par les escalliers de cinq à six pieds: & faudra qu'iceluy estage soit voulté. Au contraire du rez de terre faudra mõter quatre ou cinq pieds par lesdites montees & escalliers, pour aller au premier estage au dessus desdittes offices.

Les trois corps de logis, assauoir celuy de deuant & les deux du dextre & seneftre n'ont qu'vn estage, & le galletas dessus. Le corps de derriere a deux estages, auec son galletas dessus.

Les trois pauillons estants sur le corps de deuant, font de deux estages, & le galletas dessus.

Les trois pauillons du grand corps de derriere, font éleuez de trois estages, & le galletas dessus.

Le corps estant à dextre en entrant à la court est vne gallerie à arcades, & voultee, ayãt au dessus vne autre gallerie en galletas: laquelle a deux saillies dessus pillastres sur la court, pour y prattiquer deux petits cabinets qui voudra, ou bié les laisser en terrace.

L'autre costé opposite, est vne grande salle de vnze à douze toises de longueur, & de cinq & demie de largeur, garnie de chacun costé de commoditez y necessaires.

Toutes les commoditez, tant des pauillons que des corps de logis, font faciles à remarquer sur le plan.

Pour le regard de la court, il y a quatre parterres de iardins, à l'entour desquels regnent des allees qu'il faudra pauer, ou bien si quelques-vns trouuent la place plus belle en court sans iardins, il se peut faire à leur volonté.

Toute la maçonnerie de ce bastiment, reuient à trois mil quatre cents quatrevingts toises.

Le carrelage de touts les estages, reuient à quinze cents soixante toises.

Les voultes de l'estage des offices & caues, contenants toute la concauité de dessous le logis, reuiennent à huit cens soixante toises.

La voulte de la gallerie, reuient à cent toises.

La couuerture de tout le bastiment, reuient à neuf cents quatre vingts toises.

Il y a en touts les estages du bastiment, cent dix croisees, & vingt & quatre demies, auec enuiron seize petites fenestres bastardes.

Il y a cent trois lucarnes, auec huit petites.

Plus cinquante & quatre cheminees par le tout.

Plus huit vingts huisseries pour tous les estages du logis, cõprins celuy des offices.

Il y a au premier estage soixante & quatre trauees, tant grandes que petites, auec vingt & quatre poultres. Au deuxiesme estage trente & vne trauee, & quatorze poultres. Et au troisiesme estage pour les pauillons de derriere, dixhuit trauees, & huit poultres, tant grandes que petites.

XXXV.

E baſtiment eſt en maniere de fort, & d'vne forme ronde, poſé ſur vne maſſe quarree de quarante toiſes de long ſur chacune face, qui font ſeize cents toiſes en ſuperficie, reuenant à vn arpent, quartier & demy, huict perches & demie de terre, vn peu moins: non comprins les ſaillies des quatre rauelins eſtants és quatre anglés d'icelle place (laquelle eſt circuie d'eauë de tous coſtez) ny auſſi la ſaillie du fond du tallut.

La court eſt pareillement ronde de dixhuict toiſes de diametre, qui font cinquante & quatre toiſes de circonference, ou enuiron. Le diametre de la maſſe ronde du baſtiment a par le dehors trente toiſes, reuenant à quatre vingts dix toiſes de tour, non comprins les ſaillies des quatre pauillons aſſis & poſez dedans la maſſe de la maçonnerie ronde: l'vn d'iceux pauillons ſur le deuant, l'autre ſur le derriere: les deux autres és deux coſtez, l'vn à dextre, l'autre à ſeneſtre, auſquels ſe ioignent quatre corps de logis, que i'appelle la maſſe ronde.

A cauſe que le baſtiment eſt d'vne figure ronde, poſé ſur vne maſſe quarree, il ſe trouue aux quatre coings quatre angles vuides, où ie deſſeigne quatre petits parterres ou iardins, auec des allees à l'entour d'iceux, qui ſe vont rendre à chacun des rauelins eſtants és coings de laditte maſſe.

Les quatre pauillons quarrez, ſont éleuez de deux eſtages, & couuerts en maniere de doſme, vne petite tube ou lanterne en forme quarree au deſſus: & en iceux eſtages ſont les membres & commoditez deſſeignees ſur le plan.

Entre iceux pauillons ſont pareillement les quatre corps ſuſdits en circonference éleuez d'vn eſtage ſeulement, leſquels ſeront voultez, à cauſe qu'au deſſus ſont terraces, par leſquelles on va des quatre pauillons l'vn à l'autre. Les quatre corps en circonference ſeruent de commoditez, qui ſont auſſi deſſeignez ſur le plan. Iceux corps ſont enrichis, tant par dedans la court que par le dehors du logis, d'arcs, dans leſquels ſont compriſes les veües pour les membres de dedans.

Ce deſſeing a eſté fait plus pour inuention à plaiſir qu'autrement, toutefois iceluy eſtant fait, ne laiſſeroit de donner commodité & contentement.

Au deſſous de toute la maſſe de la maçonnerie, ſe peuuent faire & prattiquer les offices: toutefois au calcul ie n'en ay fait nul compte, ains ſeulement d'vne toiſe de fondation au deſſous du rez de terre de la court.

Les rauelins & pants des talluts, ſont de trois toiſes, depuis le fondement iuſques à l'appuy, au deſſous du cordon, & reuiennent, tant iceux rauelins que courtines à ſept cents vingts toiſes.

La maçonnerie de tout le baſtiment, aſſauoir les quatre corps quarrez, comprenant depuis le fondement iuſques à l'entablement huit toiſes, reuiennent à mil cinq cents toiſes.

Les quatre corps en circonference, à prendre depuis le pied du fondement iuſques à l'entablement cinq toiſes de hauteur, reuiennent à cinq cents toiſes de mur.

Les voultes d'iceux quatre corps en circonference, reuiennent à deux cents ſoixante toiſes.

Le carrelage des pauillons quarrez, ayants chacun trois eſtages, chacun d'iceux pauillons reuient à cent ſoixante toiſes, qui eſt pour les quatre enſemble, ſix cents quarante toiſes.

L'eſtage des quatre corps en circonference, ſera carrelé par le bas, reuenant le carrelage de chacun corps à quarante & cinq toiſes, qui eſt pour les quatre corps, neuf vingts toiſes.

Ledit eſtage ſera voulté pour porter la terrace, que ie deſſeigne au deſſus iceluy, laquelle i'enten eſtre pauee, le paué de laquelle reuiendra à neuf vingts toiſes, comme le carrelage du bas de l'eftage.

Il y a vnze cheminees à chacun eftage, qui font vingt & deux pour les deux eftages. Ie n'y ay point compté de galletas, d'autant que les combles pourront feruir de garde-meubles, ou grands cabinets qui voudra.

Au premier eftage de touts les corps en general, il y a trente & huit feneftres: au fecond eftage des quatre pauillons, il y en a vingt & quatre.

Pour le regard de la couuerture, chacun des quatre corps couuerts en dofme, auec le petit d'audeffus, reuiét à foixáte & quinze toifes, qui font pour les quatre trois céts.

Il faut, tant pour le premier eftage des quatre pauillons, que pour le deuxiefme, foixante & quatre trauees grandes que petites, & trente & deux poultres.

Plus les quatre combles faits en dofmes.

Il y a foixante huifferies.

XXXVI.

E baftiment eft conftruit en vne place paralelograme, contenant quarante & trois toifes de largeur, & vingt & fix en profondeur, qui font vnze cents dixhuit toifes en fuperficie, reuenants à vn arpent de terre, demie corde, ou enuiron: non comprins les faillies des rauelins, ny auffi la faillie des talluts des courtines.

Dans ce contenu eft comprins le logis du Seigneur, auec la baffe court, & fes commoditez neceffaires. Es quatre angles, font quatre terraces en forme de rauelins pour la defence du lieu: le tout fermé de foffez, & de la largeur qu'il conuiendra.

L'entree eft au milieu de l'vne des courtines fur le deuát, à laquelle eft le pont-leuis: & au deffus du portail de la porte eft vn petit pauillon, dás lequel eft vne petite chábre.

Au cofté feneftre de l'entree eft la baffe court, laquelle a vingt & vne toife en largeur, & vingt & cinq de profondeur, à l'endroit du portail, & entre les corps de logis d'icelle, feize toifes.

En icelle baffe court, eft la grange droittement oppofite au logis du Seigneur. Icelle grange a treize toifes de longueur fur cinq de largeur. Es deux coftez de l'aire d'icelle, font prattiquees deux eftables voultees, éleuees de fix à fept pieds au deffous d'icelle, qui feruiront pour brebis & moutons. Sur icelle voulte fera l'aire de la grange, éleuee toutefois de fept à huit pieds plus haut que celle du rez de terre, qui eft le rez de la court où on bat le bled: Vray eft que fur le plan n'y a de deffeigné que d'vn cofté, eftables, à celle fin que celuy qui ne voudra fuiure mon deffeing, les puiffe condamner, ou bien qui le voudra fuiure, fera les deux coftez pareils. I'ay auffi deffeigné quelques degrez fur iceluy cofté où eft l'eftable, par lefquels on monte les gerbes du rez de l'aire où on bat le bled, iufques au deffus des voultes des eftables. A l'entree d'icelle grange par le deuant y a deux gros pilliers quarrez, pareillement deux autres pareils en l'aire, fur lefquels eft porté & affis le colombier, pour auquel aller faudra vne efchelle par l'vn des coftez.

Sur les coftez dextre & feneftre de la grange, font deux corps de logis, l'vn defquels feruira d'efcuries, & l'autre oppofite d'eftables à beftail: au deffus font greniers. Entre laditte grange & iceux corps, eft de chacun cofté vne petite allee, de laquelle on va à vne montee pour aller és greniers: d'iceux corps, & prochain icelles, font petites eftables pour porcs, oifons, poullets d'Inde, & autres volailles. Il y a pareillement ioignant la grange, de chacun cofté, vn petit paffage pour aller és terraces des rauelins.

Pour le regard du logis du Seigneur, eftant à la baffe court, faut monter du rez d'icelle fix ou fept degrez pour venir à vne court, laquelle eft en maniere de terrace, qui a feize toifes de large, fur neuf & demie de profondeur: Icelle court eft fermee de trois corps de logis, deux fur les coftez, & couuerts en pauillons.

Le troifiefme eft fur le derriere, qui eft le grand corps & le principal, eftant couuert en crouppe fur les bouts, pour faire auffi forme de pauillon. Es deux angles refpondants aux rauelins prochains, font pareillement deux montees, vne de chacun cofté de l'angle, pour feruir és eftages des corps : efquelles montees y font paffages pour aller fur les terraces des rauelins. Iceux trois corps font éleuez de deux eftages, & leur galletas deffus.

Les montees d'vn chacun eftage font accommodees de membres, deffeignez fur le plan, excepté le premier eftage, lequel eft accommodé d'offices & caues. Il faudra defcendre de la court du Seigneur par les deux efcalliers des deux coftez, pour aller és offices, & auffi pour y defcendre les viures, & autres chofes neceffaires. Il y a deux autres entrees deffeignees fur le plan, au deffous des deux corps des deux coftez, aufquelles on y entre par la baffe court.

Les priuez fe prattiqueront par quelques petites faillies des montees, qui defcendront fur les terraces des rauelins, lefquels auront leurs conduits iufques à l'eauë.

Au deux corps eftants fur les coftez de la court du Seigneur, y a deux petits bouts de galleries, l'vn pour aller à la petite chambre fur le portail, dont nous auons parlé cy deffus : l'autre pour aller à vne pareille fur le derriere, qui fera portee fur deux gros pilliers, & fur la clofture de la court refpondante vis à vis celle de l'entree, & eft couuerte en mefme façon de pauillon : feruant le deffous d'icelle à ferrer & mettre à couuert les coches & littieres.

Toute la clofture du lieu, tant des rauelins que des courtines, prenant trois toifes de fondation iufques au cordon, reuient à cinq cents vingt toifes.

La maçonnerie de touts les baftiments de la baffe court & clofture, reuient à quatre cents vingt toifes.

La maçonnerie de tout le logis du Seigneur, reuient à neuf cents cinquante toifes.

La couuerture de tout le logis du Seigneur, reuient à trois cents dix toifes.

La couuerture de toute la baffe court, reuient à deux cents foixante toifes.

Les voultes des offices & caues, reuiennent à fept vingts toifes.

Le carrelage des deux eftages du logis du Seigneur, reuiét à deux cents vingt toifes.

Il y a à chacun eftage dix cheminees, qui feront vingt, & trois pour le premier eftage où font les offices.

Il faut vingt croifees au premier eftage manable, & vingt petites pour l'eftage des offices.

Plus vingt lucarnes pour le galletas.

Plus quatre demies croifees pour les deux petites chambres, l'vne fur le portail, & celle qui eft à l'oppofite fur le derriere.

Plus feize trauees & cinq poultres à l'eftage d'audeffus les offices, auec ce faut les combles.

Pour les deux montees, faut douze petites feneftres.

Pour tout le logis, faut foixante & feize huifferies, grandes que petites.

XXXVII.

E baftiment confifte en vne place d'vn quarré parfait, contenant quarante toifes fur chacune face, qui font feize cents toifes en fuperficie, reuenants à vn arpent, quartier & demi, fept perches de terre, ou enuiron.

Cefte place eft fermee d'vne muraille portant tallut, ayant huit rauelins, affauoir quatre aiguts és quatre coings de la place, & quatre obtus affis au milieu des courtines, vn au milieu de chacune : & fur chacun rauelin eft planté vne tourelle quarree, ayant trois toifes dans œuure. A l'entour des courtines par le dedans, fur les terraux, eft vn berceau de charpenterie, ou treille de huit à neuf pieds de large, couuert de vignes, ou couldroyes, ou bien de lierres. L'allee du terraut entre le logis & le berceau, a vingt pieds de large fur chacun des quatre coftez.

Liure d'architecture

Le baftiment eft compofé de quatre gros pauillons, & de quatre corps (comme de galleries) entre iceux fermants la court, laquelle a quatorze toifes & demie en quarré. Aux quatre coings, ou anglesd'icelle court, font quatre montees, vne à chacun coing, lefquelles font en forme quarree par le dehors, & rondes dans œuure de huit à neuf piéds de diametre feulement.

Chacun pauillon a neuf toifes & demie en quarré hors œuure. Les quatre petits corps entre iceux pauillons ne font de mefme longueur, d'autant que celuy de deuant & celuy de derriere ont de longueur quatorze toifes & demie.

Les deux autres corps eftants à dextre & feneftre, ont de longueur vnze toifes dans œuure, fur treize à quatorze pieds de large. Iceux petits corps feruent de galleries & paffages, pour d'iceux aller és eftages des quatre pauillons.

Chacun pauillon eft de deux eftages, & le galletas deffus.

Chacun petit corps d'entre iceux eft d'vn eftage, & vne terrace deffus.

Deffous touts les corps font les offices, aufquelles on defcendra du rez de la court par les quatre montees fufdittes de quatre à cinq pieds. Au contraire, on montera du rez de la court cinq ou fix pieds, pour aller au premier eftage de touts les corps.

De l'eftage bas dedié aux offices, les iours fe prendront au deffous des croifees des premiers eftages, qui fe feront en glacis, & f'efcouleront dans les offices & commoditez d'icelles.

Pour le regard des departemens des membres, tant des pauillons que des petits corps, ils font deffeignez fur le plan.

Il fe trouue quatre places fur les terraux, entre les pauillons, au deuant des petits corps, à caufe de la faillie defdits pauillons, aufquels ie figure & deffeigne quatre petits iardins, ou parterres.

Il eft vray qu'au liure des foixáte leçons de perfpectiue, que i'ay fait par cy-deuant, i'ay éleué fur la veuë du cofté, vne éleuation refpondante à la forme de cefte-cy, mais l'intelligence du plan n'y eft point deffeignee : ce que i'ay voulu faire en ce volume, pour declarer amplement la commodité & force en quoy il pourroit fe confifter.

Les rauelins & courtines, auec leurs éleuations du fondement iufques au haut du parappel, reuiennent à mil toifes de muraille de quatre à cinq pieds d'epeffeur, fans les faillies du tallut.

Toute la maçonnerie, à prendre du pied du fondement iufques à l'entablement huit toifes, comprins les trois eftages, affauoir celuy des offices, & les deux eftages des commoditez auec le galletas, le tout reuient à feize cents cinquante toifes.

Les huit petits forts, à prendre du pied du fondement iufques au deffus de l'appuy des terraces fix toifes, plus les huit demies circonferences éleuees auec les montees, le tout enfemble reuient à huit cents toifes.

Les voultes de tout le premier eftage des offices, tant des quatre pauillons que des quatre corps en iceux, reuiennent à cinq cents toifes.

En l'eftage des offices, vne partie pourra feruir de caues & celiers, qu'il ne faudra point pauer ne carreller, l'autre partie feruira de falle commune, de cuifine, fommellerie, fournil, & autres chofes dont vne partie fe pourra carreller, & les cuifines pauer, & de ce ie n'en ay point fait de calcul.

Le carrelage des trois eftages des quatre pauillons, reuiét à fept cents foixáte toifes.

Le carrelage des deux eftages des quatre corps, entre les pauillons, reuient à fept vingts dix toifes.

La couuerture des quatre pauillons, auec les quatre montees, reuient à quatre cents foixante toifes.

Il y a fix croifees à chacun eftage de pauillon, qui font douze pour les deux eftages : tellement que pour les quatre pauillons enfemble, y aura quarante & huit croifees, non compté les feneftres donnants iours és offices.

Plus

Plus au galletas de chacun pauillon, y a huit iours couuerts en circonferences:pour les quatre pauillons enfemble y en aura trente & deux.

Plus aux quatre montees, vingt & quatre petites feneftres.

Il y aura huit trauees à chacun eftage de pauillon, qui font feize trauees pour les deux eftages d'vn chacun, de forte que pour touts les eftages des quatre pauillons enfemble, y aura foixante & quatre trauees.

Plus faut trente & fix poultres pour toutes les trauees cy-deuant. Plus les combles, reuenants au nombre des trauees d'vn eftage, & les quatre petits dofmes des montees.

Il y aura cent huifferies, ou enuiron en touts les eftages du logis.

Il y a pour chacun eftage feize cheminees, qui font trente & deux pour les deux eftages, auec huit à l'eftage des offices, qui feroient pour tout le lieu, quarante.

XXXVIII.

E baftiment confifte en vn quarré de vingt& huit toifes de long fur chacun cofté, qui font fept cents quatre vingts quatre toifes en fuperficie, reuenâts à demi arpent, demi quartier, huit cordes de terre, & quelque peu d'auantage, fans les faillies, efquelles font comprinfes les efcalliers, allees & dofmes.

Cefte place eft fermee de foffez, circuifants tout le lieu, & fes faillies felon leur tour. Au milieu eft la court de quatorze toifes en quarré. Sur chacun pan de la court, eft vne demie circonference brifee, pour diuerfifier la court de fon quarré, laquelle eft fermee de quatre corps de logis, éleuez d'vn eftage feulement du rez de terre, & le galletas deffus. Au deffous fe peuuent faire des offices, defquelles ie n'en fay monftre au deffeing, ni compte au calcul de la defpenfe. I'ay mis ce baftiment en ce deffeing, plus pour plaifir & diuerfité, que pour autre chofe.

Ce lieu, outre fes baftimenrs & le foffé, a vne allee de neuf pieds de large, regnant tout autour le logis par le dehors, ayant fon appuy & regard fur les foffez.

Pour le regard de la declaration des membres des commoditez du dedans, le plan vous en fait ample demonftration, fuyuant auffi la declaration & intelligence que ie vous ay fait par cy-deuant des autres baftiments, par lefquels vous pourrez aifement entendre, tant ceftuy, qu'autres plus difficiles.

Sur ce prefent plan, i'ay éleué deux éleuations geometralement deffeignees, l'vne de la face du dehors, l'autre de la face du dedans, feparee par le milieu, fur la ligne diametrale trauerfante.

Outre icelles éleuations, i'en ay deffeigné vne de tout le contenu de la maffe en perfpectiue fur la veuë du cofté, à laquelle fe void partie du dehors, & partie du dedans: Et au deffus eft deffeigné geometralement, en affez grand deffeing, l'vn des pans de la court, pour vous monftrer plus amplement l'ordre de l'architecture:les autres fe fuyuent touts de pareille ordonnance.

Tout ce lieu, comprins les talluts, tant du cofté du baftiment que de la contrefcarpe, qu'auffi de tout le toifage du lieu, prenant vne toife de fondement feulement, le tout reuient à deux mil fept cents cinquante toifes.

Le carrelage des deux planchers, & l'allee regnante à l'entour le logis, reuient à fept cents toifes.

La couuerture de touts les corps, auec touts les dofmes, reuient à fix cents toifes, ou enuiron.

Il y a au premier eftage quarante & huit trauees, & vingt & quatre poultres:au fecond eftage y a les combles.

En tout le logis il y a trente & deux croifees, fans les petites veuës des dofmes.

En tout le premier eftage, il n'y a que treize cheminees, qui ne voudra faire feruir le galletas de commoditez pareilles à l'eftage de deffous, auquel y faudroit autant de cheminees.

Liure d'architecture Pour les champs.

Pour le regard des lucarnes, si on veut faire seruir l'estage dernier en galletas, & y accommoder les membres comme dessous, il y faut vingt & quatre lucarnes: mais n'y faisant que greniers, il n'y faut que quatorze iours enforme de petites lucarnes.

I'ay figuré des petites galleries regnantes au dessus de l'entablement, & la couuerture basse, comme pour seruir de greniers: cela demeurera à discretion & volonté.

Il y a au premier estage enuiron quarante & deux huisseries, & qui voudra faire seruir l'estage d'audessus en galletas, & y faire les commoditez, il y en faudra enuiron trente.

Vous trouuerez à chacun plan la toise marquee, par laquelle, auec le compas, vous pourrez voir & cognoistre toutes les mesures d'vn chacun lieu, tant en particulier que de tout le general.

F I N.